MARCO POLO

ROTES MEER & SINAI

W0228568

TÜRKEI

GRIECHEN-LAND | SYRIEN
LIB. | Damaskus
Mittel-meer | ISRAEL
JORD. | IRAK | IRAN
Kairo | Rotes Meer/Sinai
LIBYEN
ÄGYPTEN | SAUDI-ARABIEN
Nördlicher Wendekreis
TSCHAD | SUDAN | ERITREA
JEMEN
SÜD- SUDAN | ÄTHIOPIEN

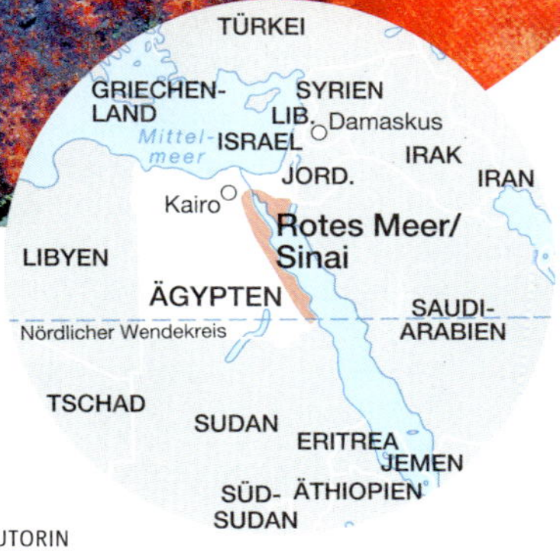

MARCO POLO KOAUTORIN
Lamya Rauch-Rateb
Geboren und aufgewachsen in Kairo, arbeitet Lamya Rauch-Rateb seit mehreren Jahren als Autorin, Über-setzerin und Dozentin in Deutschland. Dazu pendelt sie beruflich wie privat zwischen Kairo und Berlin. Sie liebt die Herzlichkeit der Ägypter und dass sich Tauchabenteuer, Wüstentrips und Kultururlaub am Roten Meer so schön kombinieren lassen.

REIN INS ERLEBEN

Mit dem digitalen Service von MARCO POLO sind Sie noch unbeschwerter unterwegs: Auf den Erlebnistouren zielsicher von A nach B navigieren oder aktuelle Infos abrufen – das und mehr ist nur noch einen Fingertipp entfernt.

Hier geht's lang zu den digitalen Extras:

http://go.marcopolo.de/rot

 Touren-App

Ganz einfach orientieren und jederzeit wissen, wo genau Sie gerade sind: Die praktische App zu den Erlebnistouren sorgt dank Offline-Karte und Navigation dafür, dass Sie immer auf dem richtigen Weg sind. Außerdem zeigen Nummern alle empfohlenen Aktivitäten, Genuss-, Kultur- und Shoppingtipps entlang der Tour an.

HTTP://GO.MARCOPOLO.DE/ROT

 Update-Service

Immer auf dem neuesten Stand in Ihrer Destination sein: Der Online-Update-Service bietet Ihnen nicht nur aktuelle Tipps und Termine, sondern auch Änderungen von Öffnungszeiten, Preisen oder anderen Angaben zu den Reiseführerinhalten. Einfach als PDF ausdrucken oder für Smartphone, Tablet oder E-Reader herunterladen.

SYMBOLE

 Insider-Tipp

⭐ Highlight

🟢🔵🟠🟣 Best of ...

 Schöne Aussicht

 Grün & fair: für ökologi-
sche oder faire Aspekte

(*) kostenpflichtige
Telefonnummer

**PREISKATEGORIEN
HOTELS**

€€€ über 80 Euro

€€ 20 – 80 Euro

€ bis 20 Euro

Preise für ein Doppelzimmer
inklusive Frühstück. Hotels
der Oberklasse sind pauschal
gebucht erheblich preiswerter

**PREISKATEGORIEN
RESTAURANTS**

€€€ über 20 Euro

€€ 5 – 20 Euro

€ bis 5 Euro

Die Preise gelten für ein Essen
mit Vorspeise, Hauptgericht
und Nachtisch ohne Getränke

KARTEN IM BAND
(131- A1) Seitenzahlen
und Koordinaten verweisen
auf den Reiseatlas
(0) Ort/Adresse liegt außerhalb des Kartenausschnitts
Es sind auch die Objekte mit
Koordinaten versehen, die
nicht im Reiseatlas stehen

(🗺 A–B 2–3) verweist auf
die herausnehmbare
Faltkarte
(🗺 a–b 2–3) verweist auf
die Zusatzkarte auf der
Faltkarte

UMSCHLAG VORN:
Die wichtigsten Highlights

UMSCHLAG HINTEN:
Karten von Hurghada, Dahab
und Sharm El-Sheikh

Die besten MARCO POLO Insider-Tipps

Von allen Insider-Tipps finden Sie hier die 15 besten

INSIDER TIPP **Finde dein Gleichgewicht**
Ein wahrhaft besinnlicher Ort für eine Yogastunde ist das *El-Guna-Plateau*. Die Lage mit Aussicht aufs Katharinenkloster sowie auf Dahab und Nuweiba liefert die optimale Kulisse, um Körper und Seele in Einklang zu bringen → S. 55

INSIDER TIPP **Unterwasserausstellung**
Ein spektakuläres Projekt: Die riesigen Altmetall-Skulpturen des *Dahab Underwater Museum* im Meer verwandeln sich nach und nach in neue Riffe → S. 36

INSIDER TIPP **Mittelalterliche Designerfantasie**
Pure Entspannung finden Sie in der eleganten Chillout-Festung *Castle Zaman* → S. 41

INSIDER TIPP **Generation Golf**
Die südafrikanische Golferlegende Gary Player schuf *The Cascades*, der seither als einer der besten Golfplätze auf der ganzen Welt gilt (Foto re.) → S. 87

INSIDER TIPP **Hobby-Picassos in der Wüste**
Die raue Schönheit des Sinai mit den Augen eines Künstlers entdecken: Als Beduinenführer und passionierter Maler führt Sie *Bassem Amer* an Orte, an denen Sie Zeit haben, unter fachkundiger Anleitung Landschaftsbilder zu malen → S. 35

INSIDER TIPP **El Gouna verleiht Flügel**
Mangroovy Beach ist die beste Adresse für alle Kitesurf-Fans. Anfänger und Fortgeschrittene finden hier optimale Bedingungen vor, um ihr Talent in einer der weltweit neuen Trendsportarten zu beweisen → S. 69

INSIDER TIPP **Wohnen bei Bedus**
Eine 300 Jahre alte Gebalaya-Siedlung ist zur *Al-Karm Ecolodge* umgestaltet worden. Das einfache, von Beduinen frisch zubereitete Abendessen schmeckt nach einer Wanderung zum nahe gelegenen Katharinenkloster ganz besonders lecker → S. 55

INSIDER TIPP **Faire Handarbeit**
Kunsthandwerk von Ägyptens einziger selbst verwalteter Beduininnenkooperative *Fansina* → S. 53

INSIDER TIPP **Auf die Plätze, Kamel, los!**
Beim *South Sinai Camel Festival* in Sharm El-Sheikh und am Katharinenkloster gibt es die schönsten und zugleich schnellsten Kamele zu sehen → S. 115

INSIDER TIPP **Ahwa baladi – ägyptische Kaffeehauskultur**
Baladi sind Orte, die vorwiegend Einheimische besuchen. So wie das *ahwa*, ein Kaffeehaus, in dem Shisha geraucht, Tee getrunken oder Backgammon gespielt wird. Lohnenswert, um das Alltagsleben der Ägypter zu beobachten → S. 29

INSIDER TIPP **Dinner im Kameltal**
Ein unvergessliches Erlebnis ist ein Gourmetdinner im Nationalpark *Wadi El-Gemal* bei Sonnenuntergang → S. 91

INSIDER TIPP **Wo Milch und Honig fließen**
Kleopatra stand Pate. Milch-und-Honig-Bäder sind die luxuriösen Wellness-Highlights im *Spa des Four Seasons Resorts* von Sharm El-Sheikh → S. 44

INSIDER TIPP **Perfekter Fisch**
Muscheln, Fisch und Meeresfrüchte gibt es am Roten Meer reichlich, knapper sind da exzellente Fischrestaurants wie Hurghadas *Al Halaka*, das für viele zu den besten Ägyptens gehört → S. 76

INSIDER TIPP **Wüstenparadies**
Wie eine Luftspiegelung erhebt sich das Naturparadies *Gebel Elba* über der Wüste → S. 91

INSIDER TIPP **Wo sich auch Meeresschildkröten wohlfühlen**
Das *Mövenpick Resort El Quseir* schätzt die Unterwasserwelt genauso wie seine Gäste. Hier taucht man mit gutem Gewissen umweltfreundlich → S. 92

BEST OF ...

TOLLE ORTE ZUM NULLTARIF
Neues entdecken und den Geldbeutel schonen

● *Schnuppern Sie mal!*

Das Sportangebot in den Badeorten ist riesig, ebenso die Konkurrenz unter den Tauch-, Wind- und Kitesurfschulen. Wenn Sie sich nicht gleich für einen Sport entscheiden können, fragen Sie nach einer Schnupperstunde. Für kleines Geld, oft auch ganz kostenlos, können Sie testen, was Ihnen liegt – z. B. bei *Kitesurf Adventure* in El Gouna → **S. 72, 90**

● *Ein kleines Aussteigerparadies*

Lassen Sie sich vom klaren Wasser und der atemberaubenden Bergkulisse verzaubern: Die Strände von *Nuweiba* liegen fernab des Touristentrubels und gehören nicht zu den Hotelanlagen, sondern sind fast ausnahmslos kostenlos zugänglich. Auch Touren ins Hinterland gibt es hier günstiger als anderswo (Foto) → **S. 39**

● *Saunieren wie die Pharaonen – für lau*

Hammam Fara'un heißt „Bad der Pharaonen", und auch Sie können in den heißen Schwefelquellen planschen. Dazu kommen noch die warmen Grotten, die wie eine natürliche Sauna funktionieren → **S. 59**

● *Der Mosesberg*

Am Gebel Musa soll Moses die Zehn Gebote empfangen haben, deshalb ist er eine der heiligsten Stätten des Christen- und Judentums. Am Fuß des Bergs steht das *Katharinenkloster*, in dem heute nur noch 20 Mönche leben. Das Weltkulturerbe kann kostenlos besichtigt werden → **S. 52**

● *Strand für alle*

Wer Airbnb wohnt, hat selten einen Strand vorm Haus. Während Hotels von Nicht-Gästen ziemlich happige Preise für Strand- und Poolbesuch verlangen, gibt es zumindest in Hurghada kostenlose, auch bei den Einheimischen beliebte *public beaches* wie den von Siqala → **S. 78**

● *Open-Air-Blockbuster*

Zweimal pro Woche zeigt das Open-Air-Kino *El Balad* in El Gouna die neuesten internationalen Filme unterm Sternenhimmel. Ein kostenloses Abendevent für Singles, Paare oder die ganze Familie → **S. 73**

● ● ● ● Diese Punkte zeichnen in den folgenden Kapiteln die Best-of-Hinweise aus

● *Gesunkene Schiffe und wilde Mangroven*

Der Nationalpark *Ras Mohammed* ist wohl der berühmteste Tauchspot Ägyptens. Farbenprächtige Korallenriffe mit einer atemberaubenden Vielzahl an Fischen, gesunkene Frachtschiffe und mit Glück sogar schlafende Haie warten dort auf Sie (Foto). Doch auch ein Spaziergang durch die Mangroven oder eine Bootstour lohnen ganz sicher → S. 47

● *Leben wie ein Mönch*

Direkt am Berg Sinai gelegen und ohne Zugang zum Stromnetz ist die von Beduinen betriebene *Mount Sinai Ecolodge* ein Ort der Ruhe und Besinnung. In Laufdistanz zum nahen Kloster können Sie in absoluter Stille das fantastische selbst gemachte Essen genießen → S. 56

● *Abtauchen und Abzappeln*

El Fanar Beach in Sharm El-Sheikh ist tagsüber Taucherparadies und nachts Partymeile. Eine perfekte Kombination für viele junge und jung gebliebene Aktivurlauber. Was sowohl die Korallenriffe als auch die ausgelassenen Partynächte anbelangt, kann die Qualität durch die Bank als hoch bezeichnet werden → S. 45

● *Hüftschwung und Bauchkreisen*

Viele Hotels bieten *Bauchtanzkurse* an, die meist nur wenig mit echtem Bauchtanz zu tun haben. Anders bei Keti Sharif in El Gouna, sie ist selbst eine renommierte Tänzerin und ein Vollprofi → S. 71

● *Kamele kann man reiten ...*

„Mit dem Kamel", soll Karl May doziert haben, „ist es wie mit der Kuh in Radebeul. Erst geht sie hinten hoch, dann muss man aufpassen, dass man nicht vorne runterfällt." Überprüfen Sie's bei einem Reitausflug in den Sinai mit *Dahab Safari*, Lagerfeuer und Beduinenromantik inklusive → S. 35

● *... und Kamele kann man essen*

Kamelfleisch wird traditionell von Beduinen und Nomaden gegessen, ist bei der Masse heutzutage aber so populär wie anderswo Pferdefleisch. Die veredelte Variante, z. B. Kamelsteak in Schokosauce, kredenzt Thomas Bordiehn in *Bordiehn's Restaurant* in Hurghada. Dort gibt's auch noch mehr Kreationen mit traditionellen ägyptischen Zutaten, etwa Burgunderschmorbraten vom Niltal-Wasserbüffel → S. 77

TYPISCH

BEST OF ...

SCHÖN, AUCH BEI HITZE
Aktivitäten, die Laune machen

● **Nachts unter den Sternen**
Wenn Ihnen die Wüstenerkundung tagsüber zu heiß ist, sollten Sie dafür nachts aktiv werden und an einer *Wüsten- & Sterne-Wanderung* der Astronomin Paula Müller teilnehmen. Inklusive astrologischer Deutung → S. 54

● **Gehen Sie mit dem Wind**
Lernen Sie im *Kitesurfing Village* in Ras Sudr in der Flachwasserlagune Surfen oder Kitesurfen. Lassen Sie sich den Wind um die Ohren pfeifen und vergessen Sie dabei die Temperaturen (Foto) → S. 58

● **Tanzen Sie die Hitze weg**
Verlegen Sie Ihre aktive Zeit mehr in die kühlen Abendstunden. Im *Papa's Beach Club* wird ab 21/22 Uhr getanzt, getrunken und gefeiert. Besonders toll sind der eigene Strand und Partynächte, die oft ziemlich wild im Pool enden → S. 80

● **Abtauchen für die ganze Familie**
Egal, ob Sie zu den erfahrenen Tauchern oder den begeisterten Schnorchlern zählen, ein Tagesausflug zur *Big Giftun Island* macht der ganzen Familie Spaß → S. 82

● **Coole Shoppingtour**
40 Grad Mittagshitze, da wird allein der bloße Gedanke an ausgedehntes Shoppen schon zur Qual. Deshalb sollten Sie Ihre Einkaufstour lieber in die *Il Mercato Mall* verschieben, um der Sonne zu entkommen. Hier finden Sie alles, was das Herz begehrt, und können im Anschluss noch gemütlich einen leckeren Kaffee schlürfen → S. 44

● **Rutschen, planschen und noch mehr rutschen**
Der Wasserpark *Aqua Blue* in Sharm El-Sheikh mit seinen 62 teilweise sehr ausgefallenen Rutschen und dem Wasserspielplatz ist genau das Richtige, um sich vom trockenen Wüstenklima zu erholen → S. 44

ENTSPANNT ZURÜCKLEHNEN
Durchatmen, genießen und verwöhnen lassen

● Dine-Around in Taba
Lassen Sie sich jeden Abend in einem anderen Restaurant kulinarisch verwöhnen. Acht verschiedene hochklassige Lokale nehmen am *Dine-Around-Erlebnis* in Taba Heights teil, sodass bei der Abendplanung und Essenswahl nie Langweile aufkommt → S. 48

● Entspannung professionell
Daniela Steiner bietet in Sharm El-Sheikh im eigenen *Spa & Wellness Center* Yoga- und Meditationskurse an. Für alle, die ohne professionelle Anleitung besser zurechtkommen, empfiehlt sich ein ruhiger Strandabschnitt für Entspannungsübungen → S. 44

● Die Kraft des Wassers
Meerwassersprudelbad, Algenpackung oder Ayurvedamassage – im *Steigenberger Al Dau Beach Hotel* müssen Sie kein Hotelgast sein, um sich rundum verwöhnen zu lassen → S. 82

● Delphinshow live
Der lange, menschenleere Strand *Khashaba Beach* im Ras-Mohamed-Nationalpark ist perfekt für einen entspannten Wohlfühltag. Mit etwas Glück können Sie sogar Delphine sehen, die sich vor der Küste tummeln. Was will man mehr? → S. 45

● Relaxen im schönsten Yachthafen
Der künstlich angelegte Ferienort El Gouna mit seiner Flaniermeile am Hafen und den vielen Kanälen ist an sich schon einen Besuch wert. Doch so richtig entspannen lässt es sich bei einem Abendessen in einem der exklusiven Restaurants wie dem *Saigon*, die rund um Ägyptens ersten und schönsten Yachthafen (Foto) dazu einladen, den Sonnenuntergang zu genießen → S. 70

● Preisgekröntes Spa-Resort
16 stilvoll eingerichtete Therapieräume mit tollem Hafenblick, Sauna, Dampfbad, Whirlpool, Gärten und exzellente Fachkräfte haben dazu geführt, dass das *The Palace Port Ghalib* zu den besten Spa-Hotels Ägyptens zählt → S. 90

AUFTAKT

ENTDECKEN SIE DAS ROTE MEER!

Zwischen Pool und Party, Wasser und Wüste bleibt kaum ein Urlaubswunsch unerfüllt. Auf Taucher wartet eine der eindrucksvollsten Korallenlandschaften weltweit, in einem Meer, das so klar ist, dass man vom Boot aus auf den Grund schauen kann. Das Hinterland mit seinen Bergen und Dünen bietet eine große Artenvielfalt an Sträuchern, Moosen und Tieren. Felsen und Sand verschmelzen zu einem *faszinierenden Farbenensemble*. Tagsüber tauchen, surfen, (sonnen-)baden, nachts feiern und chillen – die Riviera Ägyptens ist ein Paradies für Vergnügungssüchtige und Naturliebhaber.

Die über 800 km lange Rotmeerküste erstreckt sich von der geschäftigen Hafenstadt Suez im Norden über die Urlaubsorte El Gouna, Hurghada, El Quseir und Marsa Alam bis tief in den Süden an die Grenze zum Sudan. Zwischen dem Golf von Aqaba und dem Golf von Suez liegt die *Sinai-Halbinsel mit ihren Ferienoasen* Sharm El-Sheikh, Dahab und Taba. Doch die ägyptische Riviera hat mehr zu bieten als endlose palmengesäumte Küsten. Bewegt man sich von den langen Sandstränden weg, lockt das Hinterland mit biblischen Kulturstätten, jahrhundertealten Klöstern sowie einer atemberaubenden, rauen Wüsten- und Gebirgslandschaft. Sie können die Spuren

Variationen in Gelb, Rot und Braun: Sandsteinschichten im Coloured Canyon

von pharaonischem Bergbau, römischen Eroberern und verfolgten christlichen Mönchen entdecken, *beduinische Gastfreundschaft* genießen und eine der artenreichsten Unterwasserlandschaften der Erde bestaunen. Gerade die Möglichkeit, erholsamen Strandurlaub mit spannenden Tagesausflügen kombinieren zu können, ist eines der Hauptargumente für den Boom der Region und ein Grund, warum sich in den letzten zwei Jahrzehnten so viel Ferienbetrieb am Roten Meer etabliert hat. Umso härter trifft der Rückgang des Tourismus die Region, seit sich der „Islamische Staat" und seine Ableger im Nordsinai, also der Region am Mittelmeer, eingenistet haben, Polizei und Bevölkerung mit Anschlägen und Morden terrorisieren, sich mit der Armee bekämpfen.

Trotz der *jahrtausendealten Geschichte* des Landstrichs fungierten die arabische Wüste und der Sinai lange vor allem als Zufluchtsort für Nomaden, Auswanderer und Pilger. Selbst nach der Eröffnung des Suezkanals interessierte sich außer einigen Zehntau-

Ab 2670 v. Chr.
Altes Reich, Imhotep erbaut die Stufenpyramide von Saqqara, später entstehen die Pyramiden von Gizeh

Ab 2650 v. Chr.
Die Pharaonenherrscher kontrollieren Bergbau und Handelswege auf dem Sinai

Ab 1550 v. Chr.
Blütezeit des Pharaonenreichs, Bau der Tempel von Luxor und Abu Simbel

525 v. Chr.
Der Perserkönig Kambyses erobert erst den Sinai, dann Ägypten

639
Amr Ibn Al-'As erobert Ägypten, das daraufhin islamisch wird

send Beduinen und den in der Ölindustrie beschäftigten Ägyptern niemand für das Gebiet. Erst nachdem Tauchpioniere die *einzigartige Unterwasserwelt* entdeckt hatten, war es mit der Ruhe vorbei. Innerhalb kürzester Zeit hielt der Tourismus Einzug und erweckte eine ganze Region aus dem Dornröschenschlaf.

Praktisch das ganze Jahr über herrscht Sommer, denn auch die Winter sind mild und sonnig. An den Stränden wird gebadet, geschnorchelt oder relaxt, *Beach- und Poolbars* bieten Drinks an. Nirgendwo sonst in Ägypten gibt es ein so vielfältiges Freizeitprogramm: Surfen, Tauchen, Kiten, Paragliden, Golfspielen – um nur einige Beispiele zu nennen. Und nach Einbruch der Dunkelheit wird gefeiert, in Bars und Diskotheken, auf Strandpartys und in Technoclubs.

Dabei wurden die Badeorte jahrelang vorwiegend von westlichen Touristen besucht. Doch nicht nur sie haben die Vorzüge der immer sonnigen Urlaubsdestination für sich entdeckt. Nachdem die Reisegesellschaften nun auch im eigenen Land werben, haben sich die Badeorte zu einem *Anziehungspunkt für viele Ägypter* entwickelt. So kann man immer öfter Urlauber aus dem ganzen Land beobachten, die

> **Das ganze Jahr über herrscht Sommer**

manchmal mit Hose und Hemd oder hochgeschlossenem Kleid und Kopftuch baden gehen, während am Strand ausländische Touristinnen oben ohne in der Sonne liegen. Dies scheint einem Kulturschock gleichzukommen. Die Ägypter sind stolz auf ihre modernen und weltbekannten Urlaubszentren und wissen doch auch, dass praktisch alles – von der Bademode bis hin zu den Trinkgelagen und Partys – ihren Vorstel-

1798–1801
Napoleons Ägyptenfeldzug richtet sich gegen die britische Vormachtstellung

1869
Eröffnung des Suezkanals

1882
Die Briten besetzen Ägypten, ab 1914 Protektorat

1952–56
Die Freien Offiziere stürzen den König; Gamal Abdel Nasser wird Präsident

1956
Verstaatlichung des Suezkanals, Suezkrise

1967
Sechstagekrieg, Ägypten verliert den Sinai an Israel

lungen von Anstand und ihren Traditionen widerspricht. Beduinen und Bikini – das sind die beiden Gegenpole einer langen Skala, nach der an Ägyptens Rotmeerküste heutzutage alles möglich erscheint.

Besonders beliebt ist die *Ostküste der Sinai-Halbinsel* zwischen Sharm El-Sheikh am Südende des Golfs von Aqaba über Dahab und Nuweiba bis hoch nach Taba am nördlichen Ende. Kein Küstenstreifen ist vielseitiger. Ob luxuriöser Urlaub in der teuren Clubanlage oder billige Ferien im Bambushüttencamp, Technopartys in der Wüste, veranstaltet von Ägyptens renommiertester Diskothek, oder mehrtägige Ausflüge im kleinsten Kreis mit Beduinen – das alles geht hier. Der beliebteste, aber bei Weitem nicht schönste Badeort ist Hurghada an der Festlandküste. Nirgendwo sonst in Ägypten kann man einen billigeren Pauschalurlaub am Strand verbringen. Doch selbst hier ist nicht alles Masse statt Klasse. Zwar gibt es zahllose pompöse, kitschige Ferientempel für die von Schlagermusik begleiteten *Schnäppchenferien*, aber auch feinere Luxusresorts, wo die Kellner in schwarz-weißer Livree am Strand entlanglaufen und Zuckermelone an die Sonnenbadenden verteilen.

> **El Gouna rühmt sich als umweltfreundlichster Ferienort Ägyptens**

Nördlich von Hurghada entstand mit El Gouna eine zwar rundum künstliche, aber dennoch *edle Ferienoase*. Der Ort ist, wie der Name bereits erahnen lässt (*El Gouna* heißt Lagune auf Arabisch), durchzogen von Kanälen und Lagunen, deren Ufer Luxushotels und von Stararchitekten entworfene Villen säumen. Nicht nur die ägyptische High Society, auch Tausende Europäer haben hier bereits eine Immobilie erworben. Der Urlaub wird im Komplettpaket gebucht, inklusive preiswerter Schönheitsoperationen in der resorteigenen Klinik oder eines Dine-Around-Programms, bei dem die Gäste zum Dinner zwischen den Restaurants aller Hotels im Ort wählen können. Außerdem rühmt sich die *Lagunenstadt* damit, Ägyptens umweltfreundlichster Ferienort zu sein. Und in der Tat erhielten dort vier Hotels von der NGO *Green Globe International* eine Auszeichnung für umweltfreundlichen und verantwortungsvollen Tourismus.

Abseits vom Trubel haben an Buchten wie Makadi Bay oder Soma Bay internationale Luxushotelketten *weitläufige Resorts* errichtet. Hier gibt es praktisch keine Sehenswürdigkeiten, allerdings sollen Gäste mit Hautkrankheiten in Thermenanlagen durch

| **1973** Oktoberkrieg gegen Israel | **1979** Camp-David-Frieden | **2011** Rücktritt Hosni Mubaraks nach Massendemos | **2012** Erste freie Wahlen: Moslembruder Mohamed Mursi wird Präsident, ein Jahr später gestürzt | **2014** Feldmarschall Abdel Fattah el-Sisi wird neuer Präsident | **2017** Taumelnde Wirtschaft, Pfundabwertung, hohe Inflation, steigende Arbeitslosigkeit |

Lagerfeuerromantik auf Sinai-Art: zum warmen Tee gibt's Wüstenstille

Behandlungen im Salzwasserpool, Unterwassermassagen oder Hydrotherapieanwendungen schnell Linderung erfahren. Ziel ist es, in dieser Region eine Art Kurtourismus zu etablieren. Nach einer etwa einstündigen Autofahrt gen Süden gelangen Sie zum *Fischerstädtchen El Quseir*, dessen Hauptattraktion ein gut erhaltenes osmanisches Fort aus dem 16. Jh. ist. Neben seiner langen Geschichte, den konischen Taubenhäusern und den alten Gebäuden besticht es vor allem durch etwas, das vielen Orten an der Rotmeerküste fehlt: Charme. Eine Handvoll Hotels steht für eher beschauliche Ferien. Mit der Ruhe könnte es jedoch bald vorbei sein, sollte es Investoren gelingen, bis zur Grenze des Sudan diverse Clubanlagen zu bauen. Der gesamte Küstenstreifen ist bereits unter dem Schlagwort *„Riviera Ägyptens"* verplant.

Das ganze Jahr über sinkt die Wassertemperatur nicht unter 20 Grad und bietet damit die ideale Voraussetzung für einen farbenprächtigen Artenreichtum. Vor zwei Jahrzehnten waren es Sporttaucher, die die unberührte Küste und die einzigartigen *Korallenriffe* als Erste für sich entdeckten. Wahre Tauchenthusiasten fahren inzwischen mit Yachten zu entlegeneren Riffen. Für Touristen werden Schnupperkurse

In der Bergwüste am Lagerfeuer sitzen

angeboten. Auch die Anzahl der Wind- und Kitesurfer nimmt zu. Das Hinterland der Küsten bietet zudem erstaunliche Naturerlebnisse, besonders die Bergwüste des Sinai mit ihren *Sanddünen, Oasen und schroffen Tälern*. Höhepunkt ist eine mehrtägige Safari im Jeep oder auf dem Kamel, Übernachtung im Freien inbegriffen. Beeindruckt von der Stille sitzen die Teilnehmer abends oft wortlos am Lagerfeuer. Mit etwas Glück erzählen ihnen die Beduinen dann den wirklichen Grund dafür, warum der Nachthimmel hier so sternenreich ist: Weil Gott seine Engel mit Speeren Löcher ins Himmelszelt stoßen ließ, um etwas vom goldenen Glanz zu zeigen, der sich dahinter befindet.

IM TREND

1 Auf Abwegen

Per Rad Radfahren, das ist in Ägypten Arme-Leute-Fortbewegung – unschick und uncool. Aber das Image ändert sich, zumindest beim sportlichen Pedaletreten. Heute begegnen Ihnen einheimische Mountainbiker in den entlegensten Ecken. *Black Jack Bike (Sharm El-Sheikh | facebook.com/Black JackBike) (Foto)* organisiert Touren abseits der touristischen Pfade – auf Wunsch auch mit einer Wüstenübernachtung. Mit *Sinai Biketours (www. sinaibiketours.de)* in Dahab geht's bis zum Katharinenkloster oder zu Schnorchelrevieren.

Sauber machen

2

Im Wasser Umweltschutz ist den meisten einfachen Ägyptern kein Begriff (die haben andere Sorgen). Viele Studenten und Jungakademiker aber unterstützen Tauchschulen am Roten Meer bei Strand- und Riffreinigungsaktionen z. B. der 🌀 *Hurghada Environmental Protection and Conservation Association (www. hepca.com)*, einer Privatinitiative, die u. a. meeresbiologische Seminare und Praktika anbietet. Wie man Korallenriffe pfleglich behandelt, lehrt auch der Tauchanbieter 🌀 *Subex (z. B. in Hurghada | www.subex.org) (Foto)*.

3 Die Ruhe selbst

Öko-Urlaub 🌀 Es begann mit Sherif El Ghamrawy, der auf dem Sinai die erste Ökolodge Ägyptens, *Basata (s. S. 40) (Foto),* eröffnete. Urlaub ohne Disco-Halligalli, dafür in der Ruhe der Natur, das kommt nun auch bei jüngeren Ägyptern an. Angesagte Ecoresorts setzen auf Nachhaltigkeit, etwa das *Wadi Lahami Village (short.travel/rot19)* mit seinen Zelten und Chalets. Die *Um Tondoba Ecolodge (14 km südl. von Marsa Alam | short.travel/rot20)* hat große Palmhütten und Steinbungalows, eine Restaurantbar in beduinischem Stil und eine Tauchbasis.

Atemlos in die Tiefe

4

Tauchkick Irgendwann hat sich der Reiz allein der bunten Unterwasserwelt des Roten Meers bei ägyptischen Tauchfreaks erschöpft. Immer mehr Diver begeistern sich nun für die Königsdisziplin ihres Sports: Apnoetauchen, auch Freitauchen genannt. Allenfalls mit Flossen und Bleigurt taucht man dabei möglichst lange und/oder möglichst tief – mit nur einem Atemzug, durch Luftanhalten, griechisch *Apnoe*. Am Anfang steht das Training von Zwerchfell und Konzentration: In Marsa Alam gehen Sie mit *Coraya Divers (Madinat Coraya | Tel. 065 3 75 00 00 | www.corayadivers. com)* von einer Plattform aus an die bis in 90 m Tiefe reichende Abstiegsleine. Die Überwindung des „Breath hold breaking point", wenn der Atemreiz einsetzt, erlernen Sie auch bei *Freedive (El Fanar Street | Tel. 0109 8 73 07 31 | www.freedivedahab.com)* in Dahab.

Wüste Touren

5

In die Natur Die zutiefst abergläubischen Ägypter in die vermeintlich von Satanen und Teufeln bevölkerte Wüste zu bewegen, war früher unmöglich. Doch mit dem Interesse junger Städter an der Natur und der Kultur der Nomaden kam der Wandel. Je eingeschränkter zudem das urbane Leben wird, umso mehr zieht es gerade Studenten hinaus. Man schläft in Hüttencamps und unter Palmwedeldächern direkt am Meer, streift auf Kamelen durch die Weiten des Zentralsinai, hockt mit Beduinen am Lagerfeuer. Schön ist im Südsinai das *Camp Sinai Stars (Mahash | www.sinaistars.com)*. In der Region Quseir/Marsa Alam organisiert *Red Sea Desert Adventures (www.redseadesertadventures. com)* Kameltrekking und Hiking in der Östlichen Wüste.

FAKTEN, MENSCHEN & NEWS

ARCHITEKTUR

Von postmodern bis traditionell reicht die Palette der Baustile. Die Klosteranlagen im Hinterland sind oft Perlen christlicher Baukunst, und in manchen Resorts durften sich internationale Stararchitekten austoben. Einige Feriendörfer wurden vom ägyptischen Altmeister Hassan Fathy inspiriert, mit nubisch geprägten Kuppeln und Arkaden.

BAKSCHISCH

Almosen haben in Ägypten viele Namen. Die Armensteuer *Zakat* ist eine der fünf Grundgebote jedes Muslims. *Sadaqa* heißt die Gabe außer der Reihe. Viele Einheimische geben Verwandten, in Not geratenen Nachbarn oder Arbeitskollegen von ihrer kargen Habe etwas ab. Das Wort, das Urlauber am häufigsten hören, lautet *Bakschisch* (mit langem „i" in der betonten letzten Silbe). Man raunt es ihnen auf der Straße zu, Kinder rufen es einem hinterher. Denn Touristen sind vergleichsweise reich. Sie anzubetteln, ist oft der einzige Weg, an ein paar Pfund zu gelangen. Für viele Ägypter ist es Ehrensache, Bettler mit Kleingeld zu bedenken. Wenn Kellner, Zimmerservice, die Toilettenfrau oder der Tankwart Bakschisch bekommen, entspricht das unserem Trinkgeld. Einziger Unterschied: Sie ernähren damit ihre Familien, da die Löhne nicht ausreichen.

BEDUINEN

Der Sinai und die Östliche Wüste am Roten Meer waren jahrhundertelang fast ausschließlich umherziehenden Beduinen

Religion und Politik, Wunderwerke der Natur, Sitten und Gebräuche – was Sie über die Regionen am Roten Meer wissen sollten

vorbehalten. Sie kannten die Weideplätze und Wasserstellen und schonten sie ehrfürchtig, indem sie weiterzogen, bevor sie die Natur ruinierten. Alles war darauf ausgerichtet, die Lebensgrundlagen zu erhalten. Bäume zu fällen, galt als Verbrechen. Verträge wurden mündlich ausgehandelt und mit Handschlag besiegelt. Laut Schätzungen leben heute noch zwischen 80 000 und 300 000 Beduinen aus 14 unterschiedlichen Stämmen, deren Ursprünge bis nach Palästina und Saudi-Arabien reichen, auf der Halbinsel. Aber auch an ihnen geht die Zeit nicht spurlos vorüber. Und so haben die meisten ihre Zelte aus gewobenem Ziegenhaar gegen triste Betonbaracken eingetauscht.

BIBLISCHE SCHAUPLÄTZE

Als die Israeliten um 1300 v. Chr. auf der Flucht vor den Ägyptern ins Gelobte Land zogen, sollen sie dabei die Wüste Sinai passiert haben. Am Roten Meer teilte sich das Wasser vor Moses und seinen Leuten und verschlang ihre Verfolger.

Westlich der Oase Wadi Feiran verehren die Beduinen heute noch einen Felsen, aus dem Moses mit einem Stab Wasser schlug. Die Oase selbst gilt als Ort der Schlacht der Israeliten gegen die Amalekiter. Auf dem Mosesberg offenbarte Gott die Zehn Gebote. Alle Schauplätze sind umstritten. Einige Wissenschaftler favorisieren andere Exodusrouten, aber keine von ihnen bietet eine auch nur annähernd so gewaltige, wahrhaft biblische Kulisse wie der Zentralsinai.

GASTFREUNDSCHAFT

Die Gastfreundschaft der Ägypter, besonders der Beduinen, ist legendär. Im harten Wüstendasein sicherte sie nicht selten das Überleben. Aus jedem Fremden wurde eine Art Familienmitglied, sobald er das *Beit Schaar* (deutsch: Haarhaus), also das Beduinenzelt, betrat. Für die Dauer seines Aufenthalts wurde er bewirtet, beschützt und wenn nötig eingekleidet. Touristen werden auch heute noch immer wieder zu Ägyptern nach Hause eingeladen. Oft kann sich der Gastgeber das jedoch gar nicht leisten. Geben Sie ihm also die Gelegenheit, seine gut gemeinte Einladung zwar auszusprechen, aber notfalls nicht einzulösen. Sollte er sie mehrmals wiederholen, betreten Sie sein Haus ruhigen Gewissens – mit einem kleinen Geschenk, z. B. Gebäck oder Süßigkeiten für die Kinder, und mit großem Hunger. Es gibt für die Gastgeber kein größeres Lob, als dass Sie reichlich essen! Gerade hier gilt: Ägypter teilen gern. Die traditionelle Esskultur sieht vor, Unmengen an einzelnen Vorspeisen, sogenannten *Mezze,* und mehrere Hauptgerichte zu bestellen und sie in der Mitte des Tischs zu platzieren, sodass jeder nach Herzenslust zugreifen kann. Dabei ist der ausländische Gast König, denn gerade wenn ein *hawga* (Fremder) mit am Tisch sitzt, halten sich Ägypter aus Sorge, der hochgeschätzte Besuch könnte zu kurz kommen, beim Essen zurück.

GRÜNER TOURISMUS

Grünes Engagement, Umweltfreundlichkeit, Nachhaltigkeit: Schlagworte, die auch im Tourismus immer mehr an Bedeutung gewinnen. Mit dem Pilotprojekt *Green Star Hotel* werden diese Prinzipien an der Rotmeerküste erstmals im größeren Stil umgesetzt. Die Initiative, die sich in der Anfangsphase noch lokal auf El Gouna beschränkt, wird vom deutschen Bundesministerium für wirtschaftliche Zusammenarbeit und Entwicklung (BMZ) unterstützt und versucht, die Umweltstandards in der ägyptischen Hotelindustrie zu verbessern. Ziel der Kampagne ist es, durch Wassermanagement, Mülltrennung und Recycling sowie organisierte Strand- und Unterwassersäuberungsaktionen – an denen auch Hotelgäste gern teilnehmen können – den schädlichen Einfluss der Hotellerie auf das Ökosystem zu minimieren und einen Tourismus zu fördern, der modernen Ökostandards entspricht. Hierzu werden Hotels je nach ihrer Umweltfreundlichkeit mit drei bis fünf grünen Sternen bewertet. Aktuell gibt es in El Gouna 16 vorbildliche Häuser, u. a. das *Mövenpick Resort & Spa*, das *Sheraton Miramar Resort*, das *Steigenberger Golf Resort*, den *Club Med El Gouna* und das *Panorama Bungalows Resort*.

ISLAM

Neun von zehn Ägyptern sind Muslime, am Roten Meer bekommen Touristen jedoch nur wenig von deren religiösem Alltag mit, zumal die meisten Ferienorte erst in den letzten Jahrzehnten entstanden und völlig auf die Bedürfnisse der Urlauber zugeschnitten sind. Fünfmal am Tag ruft der *Muezzin* zum Gebet, aber die Moscheen der Angestellten befinden sich dezent im Hinterhof der Hotels oder weitab in ihren Siedlungen. Das Gebet gehört zu den fünf religiösen Grundgeboten, wie auch das Bekenntnis zu Gott (arabisch: *allah*) sowie zum Propheten Mohammed, das Fasten im Monat Ramadan, die Armensteuer *Zakat* und die Pilgerfahrt nach Mekka. Die heilige Schrift der Muslime ist der Koran. Er wurde Mohammed im 7. Jh. offenbart. Christen und Juden werden in ihm als Vorläufer, als „Leute des Buchs", respektiert. Alle Moscheen können tagsüber außerhalb der Gebetszeiten besichtigt werden. Bitte ziehen Sie die Schuhe am Eingang aus, tragen Sie keine aufreizende Kleidung und hinterlassen Sie am Ausgang eine kleine Spende (ca. 20 £E).

KAMEL

Die Dattelpalme, so eine beduinische Redensart, ist des Menschen Schwester, das Kamel sein unermüdlicher Bruder. Die Beduinen verehren ihre einhöckrigen Kamele, die Dromedare, als Geschenke Gottes. Zu Recht, denn kein Tier ist derart für die Wüste geschaffen und gleichzeitig so nützlich. Bei Trockenheit kühlt das Kamel den Körper nicht durch Schwitzen, sondern seine Temperatur steigt auf über 40 Grad. Zudem kann es bis zu einem Viertel seines Gewichts an Wasser verlieren, ohne Schaden zu nehmen. Für den Menschen sind schon zehn Prozent lebensbedrohlich. Große Wassermengen speichert das Kamel im Magengewebe und nicht im Höcker. So kann es lange Strecken in der Wüste zurücklegen und ist ein ideales Reit- und Lastentier. Außerdem liefert es den Beduinen Milch, Wolle, Fleisch, Leder sowie Kot zum Trocknen und Verbrennen.

KLÖSTER

Etwa zehn Prozent aller Ägypter sind Kopten, also orthodoxe Christen.

In vielen Naturparks ist man am besten mit Dromedaren unterwegs

Ihre Zentren befinden sich in Kairo und in Oberägypten. Am Roten Meer und auf dem Sinai begegnet man dagegen nur selten Christen – es sei denn in den Klöstern. Auf der Flucht vor ihren römischen Verfolgern und angezogen von der Kraft und der Einsamkeit der Gebirgswüste, ließen sich in Felsspalten und Höhlen einige der ersten christlichen Einsiedler nieder. Ihr asketischer Lebensstil inspirierte selbst Gläubige im fernen Europa. Ihr Eremitendasein gilt als eine der Wurzeln des christlichen Mönchstums.

KORALLEN

Klares, sauerstoffreiches Meerwasser mit einer konstanten Temperatur zwischen 20 und 30 Grad sowie mit einem stabil hohen Salzgehalt, der von heißen Solequellen am Meeresgrund herrührt, dazu ganzjährig Sonne – das sind ideale Lebensbedingungen für jene Polypen, die im Roten Meer das Wun-

Unterwasserkino Korallenriff: Taucher haben im Roten Meer jede Menge zu gucken

derwerk der Korallen erschaffen. Hierbei filtern die winzigen Polypen Plankton und Kalk aus dem Wasser; der Kalk wird ausgeschieden, abgelagert und dient als Fundament für weitere dieser Polypen. Die Korallenstöcke wachsen 5 bis 15 mm pro Jahr. An ihren Fächern, Geweihen und Ästen siedeln sich farbenprächtige Algen an. Mehr als 1000 Fischarten leben hier.

MFO

Am 25. April 1982 war die Rückgabe der Sinai-Halbinsel von Israel an Ägypten im Wesentlichen abgeschlossen, am selben Tag nahmen die *Multinational Forces and Observers* (MFO) ihre Arbeit auf. Seitdem begegnet man auf dem Sinai den Jeeps mit der weißen Taube auf orangefarbenem Grund oder kann die Patrouillenflüge der MFO-Hubschrauber beobachten. Die aus zwölf Ländern stammenden 1682 Soldaten der MFO *(www.mfo.org)* kontrollieren die Einhaltung des Friedensvertrags von Camp David, der 1979 zwischen Ägypten und Israel unter Vermittlung der USA (Sadat, Begin, Carter) geschlossen wurde.

POLITISCHES SYSTEM

Ausgehend von Tunesien fegte 2011 eine Welle des Protests durch den Nahen Osten, angetrieben von einer jungen, gebildeten, aber frustrierten Generation. Am 25. Januar 2011 begann mit dem „Tag des Zorns" der Arabische Frühling auch in Kairo, das Volk erhob sich mithilfe des Militärs gegen das brutale Regime. Hunderttausende gingen auf die Straße, um den Rücktritt von Präsident Hosni Mubarak zu erzielen. Nach 18 Tagen voller Tränengas, friedlicher Protestmärsche, erbitterter Straßenschlachten und zahlreicher Toter dankte Mubarak schließlich nach 30 Jahren ab. Der „Pharao" hatte das Land am Nil mit eiserner Faust regiert, die freie Meinungsäußerung unterdrückt und mithilfe von Folter und Korruption geherrscht. Mit dem Rücktritt Mubaraks am 12. Februar 2011, das kann man aus heutiger Sicht sagen, verbindet sich der Anfang vom Ende der Revolution. Sie spült erst die Moslembrüder an die Macht. Ausgerechnet deren Mann, Mohamed Mursi, das erste jemals in freien Wahlen gewählte ägyptische Staatsoberhaupt, versucht, die neue Freiheit zu nutzen, um diese im Sinne seiner Islamisten gleich wieder abzuschaffen. Auf den Sturz Mursis 2013 folgt 2014 Abdel Fattah el-Sisi, der Mann der Armee, aus der auch Mubarak gekommen war. Unter ihm, sagen viele Ägypter, sei alles noch schlimmer als zuletzt unter Mubarak: Die Wirtschaft schwach, der Tourismus am Siechen, dazu Willkürverhaftungen bei leisester Regimekritik. Mursi und el-Sisi – so schnell haben selten Präsidenten die Sympathien ihres Volks verloren.

ROTES MEER

Touristen, aber auch Wissenschaftler wundern sich oft, wie das azurblaue Gewässer den Namen Rotes Meer erhalten konnte. Eine der am glaubwürdigsten klingenden Theorien besagt, dass die umliegenden mineralreichen roten Felsen die Abendsonne reflektierten und das Wasser in einen rötlichen Glanz tauchten, was die antiken Seeleute dazu inspiriert haben soll, das Gewässer Rotes Meer (lat.: *mare rostrum*) zu nennen. Eine andere Vermutung lautet, dass die farbenprächtigen Korallenriffe dem Meer seinen Namen gegeben hätten. Bereits in den Schriften des griechischen Historikers Herodot (5. Jh. v. Chr.) führte das Meer die Farbe Rot im Namen (gr.: *erythra thalatta*). Doch Herodot zählte die bis weit in den Indischen Ozean hineinreichenden Gewässer hinzu – das heutige Rote Meer, das damals nur als Meerbusen galt, eingeschlossen. Das Rote Meer ist etwa so groß wie Schweden und über 2000 m tief, im Golf von Aqaba noch 1800 m. Das schmale Tor zum Indischen Ozean dagegen hat nur eine Tiefe von 123 m, sodass der Zufluss kalten Tiefseewassers gebremst wird, was das Rote Meer zu einem der wärmsten weltweit macht.

SUEZKANAL

„In der ganzen Welt ist dies der einzige Platz, der zur Beherrschung aller Meere führen kann." So versuchte der Philosoph Gottfried Wilhelm Leibniz (1646–1716) bereits im Jahr 1672 den französischen König Ludwig XIV. zum Bau des Suezkanals zu überreden. Aber erst 1859 erfolgte der erste Spatenstich. Zehntausende ägyptische Fronarbeiter schufteten zu jener Zeit in der Hitze. Viele von ihnen starben an Krankheiten und Erschöpfung. 1869 weihten die feine ägyptische und die europäische Gesellschaft den 162 km langen Bau schließlich gemeinsam ein. 1876 folgte die Bankrotterklärung Ägyptens und der Kanal ging komplett in ausländischen Besitz über. 1956 verstaatlichte Gamal Abdel Nasser die Kanalgesellschaft. Er wurde damit in Ägypten zum Volkshelden. 2014/15 wurde der Kanal für mehr als 4 Mrd. US-Dollar auf 72 km Länge auf zwei Spuren erweitert, um mit mehr Passagen die Einnahmen zu steigern.

WIRTSCHAFT

Das Schwellenland Ägypten hat traditionell große wirtschaftliche Probleme. In der Region um das Rote Meer liegen drei der wichtigsten Einnahmequellen für den Staatshaushalt. Ließen im Jahr vor der Revolution noch 15 Mio. Touristen rund 10 Mrd. Euro im Land, waren die Verluste zuletzt dramatisch. Experten schätzen, dass die Touristenzahlen und Einnahmen um 60 Prozent, wenn nicht mehr, gesunken sind. Krisenstimmung hat auch den wichtigen Energiesektor erfasst. Die Öl- und Gasexporte von jährlich rund 7,5 Mrd. US-Dollar konnten durch den Verfall des Ölpreises seit 2014 bei Weitem nicht mehr frühere Ergebnisse erzielen. Bleibt als dritter wichtiger Part nur der Suezkanal, der 2015 ca. 5,4 Mrd. US-Dollar Gewinn einbrachte; durch seinen Ausbau erhofft man sich – bislang vergeblich – eine Verdopplung dieser Summe.

Seit 2016 überlebt das Land nur mithilfe von internationalen Krediten; das ägyptische Pfunde wurde drastisch abgewertet.

ESSEN & TRINKEN

Die **Restaurantszene in den großen Ferienorten am Roten Meer ist an Vielseitigkeit kaum zu überbieten: Hier können Sie italienisch, chinesisch, mexikanisch, indisch oder russisch essen.** Wer aber typisch ägyptische Küche in authentischem Ambiente probieren will, muss neugierig außerhalb der Hotels suchen – und wird am Ende mit köstlichen vegetarischen Gerichten belohnt. Eher früher als später landet man dabei in einem Fuul- und Taamiyya-Imbiss. Die beiden Gerichte sind die *Grundnahrungsmittel fast jeden Ägypters*. Sie machen satt, sind reich an Nährstoffen und werden deshalb vor allem morgens gegessen. *Fuul* ist ein dicker brauner Saubohnenbrei, der stundenlang gekocht, mit Sesamsauce, Zitrone, Öl und Gewürzen abgeschmeckt und mit Fladenbrot von einem Metalltellerchen gelöffelt wird. *Taamiyya* heißt die ägyptische Falafelvariante: knusprig frittierte Gemüsebällchen aus zerstampften Bohnen. Beide Gerichte, die umgerechnet nur wenige Cent kosten, werden auch mit Gemüse im Fladenbrot als Sandwich verkauft. Bessere *Fuul*-Restaurants servieren den Bohnenbrei auf Wunsch auch aus dem Ofen mit Ei und *Pasterma,* einem würzigen, getrockneten Formschinken. Zu allem wird Fladenbrot, das die Ägypter *'Aish – Leben* – nennen, serviert. Die volkstümliche Variante ist gleichzeitig auch die gesündere: das dunkle, vollkörnige *'Aish baladi.* Zu den Vorspeisen gehört eine Vielzahl leckerer Pasten, die *Mezze.* Besonders beliebt sind *Tahina,* ein öliger Sesambrei, und

Bild: traditionelle ägyptische Speisen (Falafel, Baba Ghannug und Shawarma)

Fleisch ist Luxus. Gemüse kommt dagegen in allen erdenklichen Variationen auf den Tisch: gekocht, gedünstet, zerstampft oder frittiert

Baba Ghannug, eine Mischung aus Tahina und gekochten und zerstampften Auberginen. Ursprünglich aus dem Libanon kommend, ist **hummus** mittlerweile aus der ägyptischen Küche nicht mehr wegzudenken. Die dipparttige Vorspeise aus Kichererbsen und Sesamöl wird entweder kalt oder warm mit Lammfleisch garniert als *hummus bi-lahma* serviert.

Fleisch ist für viele Ägypter unerschwinglich. Volkstümliche ägyptische Lokale bieten deshalb oft keine Fleischgerichte an. Wer Appetit auf *Kebab, Kufta,* Hähn-chen oder Tauben hat, muss in die entsprechenden Restaurants gehen. Dort werden diese Gerichte leider oft nur einfallslos auf dem Grill zubereitet. Schmackhafte Alternativen sind gekochtes Fleisch in *Molokhiyya* oder die sogenannten ***Tagin*** (manchmal auch *Tadschin* ausgesprochen) – Fleisch in Gemüsesauce aus dem Ofen, vorzugsweise mit Tomaten und Okraschoten zubereitet.

Auch Tagin-Gerichte mit Fisch oder Meeresfrüchten sind köstlich. Überhaupt ist die ***Fischküche*** an der gesamten Küste

SPEZIALITÄTEN

Amr al Din – trocken gepresste Aprikosen, die in Wasser mit Zucker eingelegt, dann püriert getrunken werden

Assier 'assab – Zuckerrohrsaft

Baba Ghannug – Püree aus gegarten Auberginen und Tahina

Baklawa – mit Nüssen gefüllte Teigpasteten (Foto re.)

Fassuliya – Bohnen in Tomatensauce

Fatier – dünner, knuspriger Blätterteig, der süß oder würzig belegt bzw. gefüllt wird

Fatta – aus Fladenbrot, Fleisch und Reis aufgeschichtetes Gericht, mit Brühe durchtränkt

Fesich – gepökelte Meeräsche, Festspeise zu Sham el-Nessim, serviert mit Olivenöl, viel Zitrone, Zwiebeln

Karkadeh – stark gesüßter Malvenblütentee, wird heiß oder kalt getrunken

Kebab – gegrilltes Kalb- oder Hammelfleisch am Spieß

Kufta – gegrillte Fleischröllchen vom Rind oder Hammel

Kunafa – Kuchen aus gebackenen Fadennudeln mit Nüssen und Sirup

Kushari – Nudelgericht mit Linsen, Röstzwiebeln, Reis, einigen Kichererbsen und einer würzigen Tomatensauce (Foto li.)

Lahma bi-khudaar – Fleischeintopf mit Saisongemüse

Mahallabiyya – Pudding aus Reismehl

Molokhiyya – Nationalgericht, bei dem aus einem Kraut, das der Brennnessel ähnlich ist, eine grüne, schleimige Suppe zubereitet wird

Pasterma – Formschinken aus gedörrtem Rind- oder Kamelfleisch im Gewürzmantel

Sahlab – süßes Milchgetränk mit Nüssen, Maisstärke und Kokosraspeln

Shish Tawuk – gegrilltes, entbeintes Hähnchen

Shorbet Ads – typische ägyptische Linsensuppe

Tamrhindi – Tamarindensaft

Wara ainab – Weinblätter, gefüllt mit würzigem Reis

sehr empfehlenswert. Gelegentlich, besonders zum Fest *Sham el-Nessim,* stößt man auf die bei Einheimischen beliebte Spezialität *Fesikh* – Fisch, der, nachdem er ein paar Stunden in der Hitze vor sich hin gegammelt hat, gepökelt und roh gegessen wird. Viele Neugierige haben Fesikh genau zweimal und nicht öfter probiert – und das zweite Mal nur deshalb, um festzustellen, ob er wirklich so schrecklich schmeckt und beim ersten Mal nicht nur missraten war.

In den Kaffeehäusern oder nach dem Essen trinkt man Mokka aus kleinen Gläsern oder *Shai*, also schwarzen Tee – beides nur auf besonderen Wunsch hin nicht stark gesüßt. Zum Shai erhalten Sie manchmal Pfefferminzblätter. Die tauchen Sie in den Tee und Sie haben *Shai binanaa*, schwarzen Tee mit Minze. Allgemein gelten Teebeutel als feiner. Tee aus aufgebrühten Blättern bestellen Sie als *Shai ala bosta*, **nach Art des Postmanns**, also eilig, obwohl keiner die ägyptische Post für schnell hält. Eine andere sehr beliebte Spezialität, die überwiegend in den kälteren Monaten in den Kaffeehäusern *(ahwas)* getrunken wird, ist *Sahlab*. Das Getränk aus Milch, geriebenem Grieß, gehackten Nüssen und Rosinen wird mehr gelöffelt als getrunken.

Generell gilt, wer das authentische Ägypten kennenlernen will, muss einmal in einer INSIDER TIPP *ahwa baladi* an einem Blechtisch auf Plastikstühlen gesessen haben. In dieser traditionellen Männerbastion kann man dann bei Tee und *Shisha* einen bunten Mix aus alten, Domino oder Backgammon spielenden Männern und lauten, mit dem Handy hantierenden Jugendlichen beobachten. Zunehmend sieht man auch Frauen hier sitzen und **Wasserpfeife rauchen**. Die gängigsten und beliebtesten Tabaksorten sind Apfel, Melone und Minze. Wer einmal etwas Außergewöhnliches probieren möchte, bestellt *Ward Shisha* mit Rosenblütenaroma.

Neben frisch gepressten Säften in den Geschmacksrichtungen Mango, Guave oder Zuckerrohr erhalten Sie auch überall Mineralwasser und Softdrinks. Hier sind die Ägypter nicht besonders markenbewusst: Ob Pepsi oder Coca Cola, ist ihnen egal. Sie bestellen **Häga sa'aa, etwas Kaltes**, und sind dann mit dem glücklich, was kommt. Vor einiger Zeit warb Coca Cola genervt mit dem Slogan: „Mat'ullsch häga sa'aa, ull Coca-Cola!" (Sag nicht was Kaltes, sag Coca-Cola!) Besonders gut erfrischen die *Feiruz*-Malzgetränke, wahlweise mit Apfel, Ananas

Ein Glas Tee geht immer!

oder Mango. Von den in Ägypten gekelterten Weinen gelten der rote *Obélisque* und der weiße *Giannaclis* als die besten. Die populärsten Biersorten sind das *Local Stella* und das *Sakara*. Zudem werden im Land auch die Marken *Löwenbräu*, *Carlsberg* und *Lager* gebraut.

In den meisten Restaurants werden auf den Preis der Speisen und Getränke noch bis zu 21 Prozent Steuern und Gebühren aufgeschlagen. Bessere Lokale erheben zudem oft eine sogenannte **Minimum Charge**. Egal, wie hoch Ihre Rechnung ist, Sie müssen dann pro Person einen Mindestbetrag bezahlen. Der liegt zwischen 30 und 150 £E (etwa 3–15 Euro).

EINKAUFEN

Wenn es nach dem Willen ägyptischer Geschäftsleute ginge, sollten sich Touristen an den Rotmeerküsten in einem Einkaufsparadies wähnen. Die Urlaubszentren werden von Geschäftsstraßen dominiert, in den Hotelanlagen entstehen immer neue Shoppingarkaden und Malls. Oft sind die Waren jedoch völlig überteuert. Da die Hoteliers von den Veranstaltern gezwungen werden, ihre Zimmer zu Billigpreisen anzubieten, versuchen sie, auf andere Weise Umsatz zu machen – durch hohe Kosten innerhalb ihrer Häuser und den Souvenirverkauf. Oft werden die Gäste dazu ermutigt, Kunsthandwerk und Andenken in den Anlagen zu kaufen, statt draußen, wo sie stets damit rechnen müssten, übers Ohr gehauen zu werden. Viele Ausflüge gleichen Butterfahrten, denn meist wird „zum Gucken" an Papyrusmanufakturen, Parfümläden oder Teppichknüpfereien gestoppt. Die Veranstalter erhalten einen Teil des Verkaufserlöses. Mit den Hotelläden konkurrieren die Geschäfte im Ort, die oft das gleiche Angebot und ähnliche Preise haben. Überlegen Sie bei jedem Einkauf, ob das Produkt auch tatsächlich seinen Preis wert ist. Wenn Sie etwas Besonderes wollen, sollten Sie sich abseits der Promenaden umgucken. Feilschen Sie, außer in Supermärkten und Krämerläden, und bleiben Sie freundlich. Flechten Sie lustige Anekdoten mit ein. Ein Händler, der Sie amüsant findet, geht schneller mit dem Preis runter.

BÜCHER

Deutsch- und englischsprachige Literatur finden Sie im **INSIDER TIPP** *Red Sea Bookstore (Zabargad Mall, Hadaba | www.redseabookstores.com)* von Mazen Ali, dem engagiertesten Buchhändler am Roten Meer, der auch die Eröffnung eines alternativen Kulturzentrums plant.

GEWÜRZE, KRÄUTER & TEE

Gewürze, Heilpflanzen und Kräuter werden an Ständen und in Fachgeschäften nach Gewicht verkauft. Als Mitbringsel beliebt ist *Karkadeh* (getrocknete Malvenblüten). Sie werden mit heißem Wasser übergossen oder kurz mitgekocht. Der leckere Sud ist ein idealer Vitamin-C-Spender, wirkt blutdrucksenkend und wird heiß oder eisgekühlt serviert. Zudem werden Sesam- und Schwarzkümmelöle angeboten. Letzteres gilt im Nahen und Fernen Osten seit Jahrtausenden als effektives Natur-

Die zahlreichen Basare, Shoppingmalls und Promenaden am Roten Meer verkaufen vor allem Reiseandenken in allen Variationen

heilmittel, das das Immunsystem stärkt, entzündungshemmend wirkt und Allergien lindert.

KUNSTHANDWERK

Ein Bummel durch die Badeorte oder Ausflüge ins Umland sind eine gute Gelegenheit, Souvenirs billiger als in den Hotels zu bekommen. Auf den Märkten in Dahab und Tarabin bieten Beduinen traditionelles Kunsthandwerk an, z. B. handgemachten Schmuck, Kelims usw. Falls Sie nach Luxor fahren, kaufen Sie Alabasterwaren hier, direkt am Produktionsort. Hübsche und beliebte Mitbringsel sind Tücher mit Kalligrafien, Kupferwaren, orientalische Schmuckkästchen mit Einlegearbeiten, Schach- und Backgammonspiele – und natürlich Shishas für den Wasserpfeifengenuss zu Hause. Zubehör wie Tabak und Kohle können Sie, sobald die aus dem Urlaub mitgebrachten Vorräte zu Ende sind, im Internet nachbestellen.

MALLS & BOULEVARDS

Die *Senzo Mall (www.senzomall.com)* in Hurghada ist das größte Einkaufszentrum am Roten Meer. In den meisten Malls (Standardangebot u.a. Mode, Schuhe, Accessoires) finden Sie auch Coffeebars und Restaurants, in Sharm El-Sheikh etwa im *La Strada Center Nabq* sowie in der *Il Mercato Mall* mit Filialen von Cilantro, der beliebtesten ägyptischen Coffeeshopkette, und etlichen anderen Restaurants.

PARFÜM

Passen Sie in den Läden gut auf, dass Sie am Ende auch mit dem Duft und der Menge hinausgehen, die Sie bezahlt haben. Bei internationalen Markendüften, die scheinbar originalverpackt sind, handelt es sich manchmal um Imitate, die genauso riechen wie die Originale, allerdings Minuten nach dem Auftragen bereits verfliegen.

ÖSTLICHER SINAI

Der Sinai – Beduinen, Traumstrände und die Zehn Gebote – eine Region von rauer Schönheit, die schon seit der Antike Kriegsschauplatz und zugleich Refugium für Auswanderer, Nomaden und Propheten ist. Jahrtausendelang war auf dem Sinai die Ewigkeit zu Hause. Heute ist er schnell geworden: Reisebusse passieren ihn auf gut ausgebauten Fernstraßen, Flugzeuge überqueren ihn im Minutentakt. Sie alle haben ein Ziel: den schmalen Küstenstreifen am Ostufer der Halbinsel, am Golf von Aqaba.

Von Taba an der israelischen Grenze im Norden bis hinunter nach Sharm El-Sheikh im Süden reihen sich auf einer Länge von 200 km die Ferienorte und Beachresorts aneinander. Die Berge des Sinai, seine Strände, Buchten und Natur-

parks bieten oft eine grandiose Kulisse, und fast der ganze Küstenstreifen wird langsam zu einem riesigen Freizeitpark. Hauptreiseorte sind, trotz der sehr guten Backpacking- und Abenteuerurlaubsangebote im Hinterland, die Orte an der Küste. Doch sie haben wenig mit dem Ägypten gemein, das die meisten Urlauber erwarten, sondern wurden eigens für sie gebaut. Nahezu alles ist hier auf Tourismus ausgerichtet. Vor der Küste gibt es Korallenriffe, die zu den schönsten Tauchgründen der Welt gehören. Touren dorthin sowie zu den Ausflugszielen im Innern der Halbinsel werden in allen Ferienorten angeboten. Dahab und Nuweiba sind jedoch die besten Ausgangspunkte. Mehrmals täglich fahren außerdem Linienbusse zwischen Sharm El-Sheikh und

Berge, Strände, Buchten und Naturparks sind eine grandiose Kulisse für Abenteuerurlauber und Backpacker, aber auch für Sonnenanbeter

Taba. Egal, ob man sich für luxuriösen Cluburlaub, abenteuerliche Wandertrips oder Tauchsafaris entscheidet, der Sinai gehört zu den touristischen Highlights Ägyptens. Noch dazu haben sich in den vergangenen Jahren auf der Halbinsel zahlreiche  umweltfreundliche Hotels angesiedelt. Paradebeispiel ist die *Al Karm Ecolodge* (s. S. 55), eine aus Wüstensteinen erbaute Bungalowanlage, die ohne Elektrizität auskommt. Erfreulicherweise setzen immer mehr Reiseanbieter auf nachhaltigen grünen Tourismus.

DAHAB

KARTE IM HINTEREN UMSCHLAG
(133 E4) *(⬚ G8)* ⭐ **Vor einigen Jahren hat der Ort, dessen Name übersetzt Gold bedeutet, einige Berühmtheit als Paradies für Hippies und Aussteiger auf Zeit erlangt – auch weil man hier problemlos weiche Drogen kaufen konnte.**
Das kann man zwar immer noch, aber Dahab hat sich sehr verändert – in einer Weise, die man auf folgende Formel

Lauschig: Die Strandpromenade von Dahab schimmert im Abendlicht

bringen könnte: mehr Kommerz, weniger Kiffer. Der Ort hat eine gepflasterte Promenade erhalten, Papierkörbe und Geldautomaten wurden aufgestellt, überall haben Internetcafés eröffnet. Zur Erleichterung vieler Dahab-Fans, die immer wieder hierherkommen, hat sich der Ort (10 000 Ew.) sein einzigartiges Flair jedoch bewahren können. Die Atmosphäre erinnert ein wenig an das indische Goa. Denn an Dahabs goldenen Stränden tummelt sich ein buntes Völkchen aus Hippies mit Dreadlocks, New-Age-Familien und Individualreisenden, denen der Küstenort oft als Basis für Wüstenwanderungen und Tauchtrips dient.

ESSEN & TRINKEN

Nach Sonnenuntergang sind die Uferstreifen von Mashraba und Masbat in die Farben zahlloser Lichterketten getaucht. In den Restaurants und Strandcafés kann man gut und billig essen: ägyptisch, indisch, italienisch usw. sowie Fisch in allen

Variationen, der vor den Eingängen auf Eisbetten ausliegt. Tagsüber können Sie hier frühstücken oder auf Beduinenteppichen dösen und Wasserpfeife rauchen.

AL-FANAR CAFÉ

Pasta, Pizza, Fleisch- und Fischgerichte, gemütliche Sofas und Chilloutmusik unmittelbar am Ufer. *Tgl. 10–24 Uhr | Masbat | Tel. 010 6 38 04 45 | €–€€*

INSIDER TIPP ALI BABA

Neben dem Speisebereich Lounge mit Sofas, Blick aufs Meer und tolles Seafood-Angebot; nicht ohne Grund eines der populärsten Strandrestaurants im Ort. *Tgl. 10–1 Uhr | Masbat | am Ufer | Tel. 010 1 92 91 70 | €–€€€*

CARM INN

Sieben Küchen von Fernost bis -nord, iranisch, skandinavisch, italienisch, ägyptisch, mexikanisch, dazu mystisches Ambiente und Trancemusik. *Tgl. 10–24 Uhr | Masbat | am Ufer | Tel. 012 22 27 04 43 | €€*

FRIEND'S
Fischgerichte, Gemüsepfannen und *Mezze* direkt am Strand. *Tgl. 10–2 Uhr | Masbat | Tel. 012 29 26 65 20 | www.friends.dahabpages.com | €€*

INSIDER TIPP ▶ LAKHBATITA
Romantische Pizzeria speziell für Fischgerichte, die bis unter die Decke mit Flohmarktinterieur vollgestopft ist. Mit einer Terrasse am Ufer. *Tgl. 11–24 Uhr | Mashraba | am Ufer | Tel. 069 3 64 13 06 | €€*

SEA BRIDE RESTAURANT
Direkt im Zentrum gibt es superfrischen Fisch, den Sie sich selbst aussuchen können. Preis beim Abwiegen erfragen. *Tgl. 10–24 Uhr | Mashraba | im Souk | €€*

EINKAUFEN
Der *Souk,* Dahabs Basar, beginnt hinter der Polizeistation am Ufer von Masbat und bietet auf einigen Hundert Metern die übliche Ägyptenfolklore: Kunsthandwerk, Souvenirs, Papyrus, Gold- und Sil-

berschmuck. Größter Supermarkt ist der *Ghazala Market* unweit der Polizeistation.

FREIZEIT & SPORT

CENTRE FOR SINAI
Ob Wüstentrip mit Müllsammel-Aktion, zehntägige Kameltour oder Mountainbikesafari, das *Centre for Sinai* überzeugt mit großem Angebot. Seinen Beduinenguide kann man sich im Internet selbst aussuchen und eigene Touren zusammenstellen. Highlight ist INSIDER TIPP **ein Ausflug mit dem Maler Bassem Amer**: Entdecken Sie den Sinai mit Pinsel und Leinwand! *Hauptbüro in Dahab | Tel. 069 3 50 08 20 | www.centre4sinai.com.eg*

DAHAB SAFARI
Spezialisiert auf Kamelausflüge im gesamten Sinai sowie Touren nach Israel und Jordanien (u. a. Petra). *1 Tag ab 270 £E, 2 Tage mit Camping und Abendessen am Lagerfeuer in der Wüste ab 490 £E | im Zentrum des Basars | Mashraba | Tel. 012 82 16 29 89 | www.dahabsafari.info*

MARCO POLO HIGHLIGHTS

★ **Dahab**
Der Ort ist ein beliebter Treffpunkt von Tauchern und Möchtegernhippies → S. 33

★ **Ras Abu Ghalum**
Der Naturpark besticht mit seiner traumhaften Landschaft → S. 38

★ **Coloured Canyon**
Eindrucksvolle Schlucht aus rotgelbem Sandstein → S. 41

★ **Tarabin**
Einfache Beduinensiedlung am Sandstrand mit entspannter Hippieatmosphäre → S. 42

★ **Nabq-Nationalpark**
Bizarre Felsen, Dünen und die nördlichsten Mangrovensümpfe der Welt erwarten Sie hier → S. 46

★ **Ras Mohammed**
Felsige Halbinsel aus fossilen Korallen an der Südspitze des Sinai → S. 47

★ **The Fjord (Marsa Murakh)**
Die wohl schönste Bucht der Sinai-Halbinsel → S. 49

★ **Geziret al-Fara'un**
Eine malerische Insel, auf der eine Kreuzritterburg aus dem 12. Jh. thront → S. 49

Ein sensationelles Projekt startete die privat organisierte Öko-Taucher-Community *i-Dive Tribe (www.facebook.com/idivetribepage)*: Taucher platzierten in Zusammenarbeit mit Beduinen und Umweltexperten innerhalb von drei Jahren vor der Küste Dahabs nahe dem Lighthouse-Riff

RED SEA ENVIRONMENTAL CENTRE

In der Feldstation des Forschungsinstituts in Dahab können Tauchfans das Schöne mit dem Nützlichen verbinden: Bei Putz- und Monitoring-Aktionen an den Riffen gewinnen Sie meeresbiologische Grundkenntnisse und bekommen Tauchtouren zu einem Sonderpreis; Infos bei den *Sinai Divers Backpackers (www.*

Surfer vor Fototapete? Falsch, in Dahab sind die Berge echte Kulisse – und Windgaranten!

und -Tauchspot riesige Skulpturen: einen 800 kg schweren Elefanten aus recyceltem Altmetall, eine Statue von Bes, dem pharaonischen Gott der Freude, sowie Horus den falkenköpfigen Gott der Sonne. Die offenen Rohre der Metallskulpturen wurden von Fischen und Korallen sofort als neues Refugium vereinnahmt. Im Lauf der Zeit werden sich um die Skulpturen neue Riffe bilden und die Kunstwerke mit dem Riff verwachsen. Tauchausflüge, z. B. von *Deep Blue Divers (Kosten ab 30 Euro | Masbat | Tel. 0122 113 46 68 | www.divedahab.com)*, führen zu dem Unterwassermuseum.

sinaidivers.com) oder direkt vor Ort. *Tel. 016 3 92 12 64 und Tel. 010 7 84 75 00 | www.redsea-ec.org*

TURKISH BATH

Das Dampfbad des Scheichs Nasr Hamid bietet Entspannungs- und Ölmassagen ab 130 £E an – inklusive Tee im Empfangssaal. *Tgl. 11–23 Uhr | Masbat | am Mohammed Ali Village | Tel. 069 3 64 26 43*

WINDSURFEN

Dank des Thermiksogs der Bergwelt ist Dahab ein ideales Surfrevier. Südlich des

Hotels Ibis Styles Dahab Lagoon erstreckt sich ein erstklassiges Flachwassergebiet für Einsteiger. Weit hinter den Riffen brechen lange, bis zu 3 m hohe Dünungswellen – genau das Richtige für die Cracks. Leihmaterial und professionelle Betreuung gibt es u. a. bei *Happy Kite (Tel. 010 60 56 19 12 | www.happy-kite.com)* beim Hotel Happy Inn und im *Ion Club (tgl. 8–17 Uhr | www.ion-club.net)* am Westufer der Bucht. Drei Tage Materialmiete ab 150 Euro, Anfängerkurs (10 Std. plus Material) ab 230 Euro.

AM ABEND

Die Happy Hour *(17–21 Uhr)* lockt einen schon am frühen Abend in die *Yalla Bar (tgl. 7–3 Uhr | Masbat | €€)*. Al-Zar *(Mashraba | am Ufer)* veranstaltet freitags Partys und das *Furry Cup (tgl. 10–12 Uhr | Tel. 069 3 64 04 11 | €€)* im *Blue Beach Club* in Assalah zählt dank lebendiger Atmosphäre und guter Musik zu den angesagtesten Läden.
Die entspannte *Churchill's Bar (tgl. 12–2 Uhr | Red Sea Relax Resort | Masbat | Tel. 069 3 64 13 09 | €€)* wiederum ist ein populärer Treff, auch um Live-Fußball zu gucken.
Die ☘ *Roof Lounge (tgl. ab 18 Uhr | Mashraba | Tel. 069 3 64 03 20 | www. nesimaresort.com | €€)* auf dem Dach des *Nesima Resorts* lädt mit Blick aufs Meer, Cocktails und Happy Hour zwischen 19 und 20 Uhr zum Entspannen ein.

ÜBERNACHTEN

ALF LEILA BOUTIQUE HOTEL
Dahabs originellstes Hotel steht zwar nicht am Meer, besitzt aber orientalisch gestaltete Studios, die u. a. Curry, Ingwer und Minze heißen. *16 Zi. | Main Road/ Sharia al-Fanar | Tel. 010 19 48 48 04 | www.alfleilaboutiquehotel.com | €€*

BISHBISHI GARDEN VILLAGE
Das zentral und ruhig gelegene Gartencamp mit einfachen Bungalows, teils mit Bad, befindet sich etwa 200 m vom Wasser entfernt. Für 30 Euro wird der Transport vom Flughafen organisiert. *38 Zi. | Mashraba | kleiner Durchgang neben der Apotheke Dr. Ekrami | Tel. 069 3 64 07 27 | www.bishbishi.com | €*

DOLPHIN CAMP
Das Camp am Meer ist mit sauberen, teilweise klimatisierten Kuppelhäuschen ausgestattet und hat nette Betreiber. Gäste können für 20 £E pro Tag den Pool des Nesima Resorts nebenan nutzen. *22 Bungalows | Mashraba | Tel. 012 00 00 15 57 | www.facebook.com/UmbiCamp | €*

LOW BUDG€T

Den Komfort einer Suite für den Preis eines Budgethotels genießen Sie in Dahab, wenn Sie zu viert oder zu fünft buchen. Die hübschen Ferienwohnungen von *Swipin.ch (www. swipin.ch)* gibt es dann nämlich ab 6 Euro pro Person.

Alkoholische Getränke sind in Sharm El-Sheikh fast überall teuer. Selbstversorger kaufen Bier und Wein billig im Getränkeshop unweit des Fischrestaurants *Sinai Star* im Souk, dem Basarviertel des alten Ortskerns.

Wer die *Linienkleinbusse (ab 5 £E/ Fahrt)* in Sharm El-Sheikh nimmt, vermeidet teure Taxitouren. Sie fahren im Ort auf und ab und halten auf Handzeichen. Viele Hotels bieten außerdem kostenlose Shuttlebusse zur Naama Bay.

GHAZALA HOTEL

Die deutschen Besitzer haben mit dem Haus im nubischen Stil eine schöne Oase für Touristen mit kleinem Budget geschaffen. Viele individuell gestaltete Zimmer, der direkte Strandzugang und ein Café, in dem man ein exzellentes Frühstück (20 £E/Person) bekommt, zeichnen das charmante Hotel aus. *20 Zi. | Mashraba | am Ufer | Tel. 010 1 17 58 69 | www.ghazaladahab.com | €*

INSIDER TIPP INMO

Das Miniresort im maurischen Kuppelstil wird von Fotograf Mohammed El Kabany und seiner deutschen Frau geführt. Angebot: Pool, Internet, deutschsprachige Kinderbetreuung, Hausriff und eine der besten Tauchschulen im Ort. *20 Zi. | Mashraba | am Ufer | Tel. 069 3 64 03 70 | www.inmodivers.de | €–€€*

LE MERIDIEN DAHAB RESORT & SPA

Das exklusive Fünf-Sterne-Resort mit Privatstrand ist genau das Richtige für Wellness- und Sportbegeisterte. Drei Pools, zwei Tennisplätze, eine Surf- und Tauchschule und vier Restaurants garantieren tollen Urlaub. *152 Zi. | 5 km von Masbat | am Ufer | Tel. 069 3 64 04 25 | www.lemeridiendahab.com | €€€*

MOHAMMED ALI VILLAGE/ CLUB RED SEA

Vom Backpackercamp zum Ferienklassiker: günstige Zimmer, teilweise mit Bad, Klimaanlage und Meerblick. Oasenatmosphäre im Innenhof mit Café. *100 Zi. | Masbat | Tel. 069 3 64 02 68 | www.clubred.com | €–€€*

INSIDER TIPP NESIMA RESORT

Eines der schönsten Hotels im Herzen von Dahab: zweistöckige Natursteinhäuschen und ein romantisches Poolsetting an der Strandpromenade. Bestes Steakrestaurant auf dem ganzen Sinai. *51 Zi. | Mashraba | am Ufer | Tel. 069 3 64 03 20 | www.nesima-resort.com | €€*

ZIELE IN DER UMGEBUNG

Ausflüge in die Berg- und Wüstenwelt mit einem Jeep, Taxi oder dem Kamel, z. B. zum Katharinenkloster oder ins Wadi Connection, buchen Sie im Hotel, Camp oder Tauchcenter bzw. bei den Anbietern an der Promenade. Eine zuverlässige Organisation, die Führer vermittelt und individuelle Exkursionen anbietet, ist das *Centre for Sinai (Tel. 0100 6 66 08 35 | www.centre4sinai.com.eg)*. Wer lieber selbst fährt, kann sich bei *Max Car Rental (Tel. 069 3 64 03 10 | maxrent@max.com)* im Dahab Resort ab 60 Euro pro Tag auch einen Geländewagen mieten.

RAS ABU GHALUM ★
(133 E–F 3–4) (*Ⓜ G7*)

Ein Naturpark, dessen Artenreichtum und Landschaft ihresgleichen auf dem Sinai suchen. 44 der hier wachsenden Pflanzen sind nirgendwo sonst auf der Halbinsel zu finden. Im über 400 km² großen Gebiet zwischen Dahab und Nuweiba gibt es außer einem Campingplatz und vielen Wanderwegen kaum touristische Infrastruktur. Die ansässigen Beduinen bieten Reisenden Fischgerichte an, und nahe dem Wadi Rasasah können Sie vermittelt von der Parkaufsicht Guides nebst Kamelen mieten. Auch ein Abstecher zum verlassenen Beduinendorf Bir El-Oghda oder zur Quelle Bir Sugheir lohnt sich. Die Beduinen vermieten einfache Unterkünfte. *20 km nördl. von Dahab, erreichbar per Jeep oder Kamel bzw. nach drei Stunden Fußmarsch*

WADI QNAI (133 E4) (*Ⓜ G8*)

Die ein- bis zweitägige Tour auf dem Kamel führt durch eindrucksvolle Schluchten und an Beduinensiedlungen sowie Süßwasserquellen vorbei. Unterwegs treffen Sie auf eine verhältnismäßig üppige Vegetation und wer möchte, kann 8 km südlich von Dahab ein einsames Bad im Meer genießen. Ideal auch für ein mitgebrachtes Frühstück bei Sonnenaufgang oder ein romantisches Picknick.

NUWEIBA

(133 F2–3) (*M* G6) ● **Der beschauliche, aufgeräumt wirkende Ort mit etwa 20 000 Einwohnern hat Fans, die wegen der Stille fernab des Pauschaltourismus und der einsamen Strände immer wieder herkommen.**
Im Zentrum finden Sie einige Geschäfte, auch für Souvenirs und Kunsthandwerk, sowie Restaurants, eine Apotheke und das Internetcafé *Almostakbal*. Touren in die Bergwelt des Sinai sind günstiger als anderswo. Auskunft dazu erhalten Sie in den Kaffeehäusern, Lokalen sowie in den Camps und Hotels. Vom Hafen verkehren täglich Fähren ins jordanische *Aqaba*. Tickets gibt es im *Maritime Office (tgl. 8–24 Uhr | Tel. 069 3 52 03 65 | short.travel/ rot9)* ab 35 Euro. Das Visum für Jordanien erhalten Sie bei der Einreise.

ESSEN & TRINKEN

CLEOPATRA
Angenehmes Lokal mit ägyptischer Küche und internationalen Gerichten. *Tgl. 11–23 Uhr | gegenüber dem Nuweiba Village Hotel | Tel. 069 3 50 05 03 | €€*

DR. SHISHKEBAB
Der Klassiker für Bohnen- und Falafel-Sandwiches sowie Grillgerichte und einfache ägyptische Speisen. Mit Dachterrasse. *Tgl. 10–24 Uhr | im Zentrum | €*

HAN KANG
Eines von zwei chinesisch-koreanischen Restaurants im Ort; beliebt, preiswert, gut. *Tgl. 12–24 Uhr | gegenüber dem Nuweiba Village Hotel | €–€€*

MATAAMAK
Das Restaurant im Ökodorf Habiba ist nicht nur für seine Lage direkt am Strand bekannt, sondern auch für das üppige, leckere Mittagsbuffet und die Barbecues unterm Sternenhimmel. *Tgl. 9–24 Uhr | im Habiba Village | am Ufer | Tel. 012 22 17 66 24 | www.habibaorganicfarm. com | €€*

Von wegen nix Grünes – der Sinai lebt!

ÜBERNACHTEN

An der gesamten Küste von Nuweiba (*www.nuweibabeach.com*) bis Taba kann man in einfachen Beachcamps ab 5 Euro pro Nacht am Strand wohnen. Schlafsack und Taschenlampe nicht vergessen, denn die meisten Unterkünfte haben keinen Strom! Sehr beliebt sind das *Rocksea Camp (Tel. 010 08 47 85 87 | rocksea. sinai@gmail.com | €)* 15 km nördlich von Nuweiba und das *Castle Beach Camp (Tel. 012 7 39 84 95 | www.castlebeach sinai.com | €)* etwa 12 km nördlich. Beide Camps bieten ab 17 Euro neben den einfachen Hütten auch komfortablere Bungalows mit Bad/Dusche an.

INSIDER TIPP BASATA 🌿

Die erste Ecolodge Ägyptens. Zu bieten hat sie Hütten aus Naturmaterialien an einem schönen Strand. Dazu: familiäre Atmosphäre, kein Lärm und Alkohol, Gemeinschaftsküche, Mülltrennung. Rechtzeitig reservieren! *17 Hütten, 7 Chalets | 22 km nördl. von Nuweiba | Tel. 069 3 50 04 81 | www.basata.com | €*

BAWAKI

Das schmucklose kleine Beachresort mit durchschnittlichem Service hat einen Vorzug: Es liegt abgeschieden auf einer Landzunge. Einfache Steinbungalows mit Bad direkt am Strand. *24 Zi. | 20 km nördl. von Nuweiba | Tel. 012 2 18 48 42 und 72 27 34 49 | €€*

CIAO HOTEL

Das direkt am Ufer gelegene Hotel ist beliebt bei italienischen Reisegruppen. Es hat komfortable Zimmer mit Satelliten-TV und Klimaanlage. Manko: Die kitschigen pharaonischen Schmuckelemente mit Baumarktflair überall. *50 Zi. | Small Dune | Tel. 069 3 50 12 05 und Tel. 012 8 00 29 82 | www.ciaohotel.net | €€*

HABIBA VILLAGE ÖKO-LODGE 🌿

Gut ausgestattete Bungalows in schöner Bucht. Die Zimmer sind teils mit, teils ohne Bad und Klimaanlage ausgestattet. Romantische Cafeteria im Beduinenstil für Frühstück am Strand. Gutes Restaurant, Kamelreitschule und Ausflugsprogramm. *11 Zi., 10 Bambushütten | südl. des Nuweiba Village Hotels | Tel. 012 22 17 66 24 | www.habibaorganicfarm.com | €–€€*

NUWEIBA CORAL RESORT

Resort mit Sandstrand, Garten sowie einigen Restaurants. Zwei Pools (einer im Winter beheizt), Tauch- und Wassersportcenter, Fahrradverleih, Tennis, Squash und Volleyball. *180 Zi., 20 Gartenhäuser | in Hafennähe | Tel. 069 3 52 03 20 | €€€*

ZIELE IN DER UMGEBUNG

'AIN KHUDRA (133 E3) (*∅ G7*)

Die malerische Oase, deren Name „grüne Quelle" bedeutet, soll das biblische Hazeroth sein, wo Gott Miriam sieben Tage lang mit Aussatz strafte. Sie und ihr Bruder Aaron hatten es dem Alten Testament zufolge Moses übel genommen, die dunkelhäutige Kuschiterin Zippora zur Frau genommen zu haben. Und sie stellten seinen Alleinvertretungsanspruch infrage: „Redet denn der Herr allein durch Mose? Redet er nicht auch durch uns?" (4. Mose 12, 2). Die Oase befindet sich knapp 20 km nördlich der Straße von Nuweiba zum Katharinenkloster. Ein kleines Café markiert den Punkt, an dem Sie die Piste Richtung Norden verlassen müssen – etwa 7 km westlich der Kreuzung, an der die Straßen von Nuweiba, Dahab und vom Katharinenkloster aufeinandertreffen. Das Grün der Pflanzen der Oase, die von Beduinen bewirtschaftet wird, bildet einen hübschen Kontrast zum Gelb und Rot des Sands und der Felsen. In der Mitte befindet sich eine Quelle. Unweit von 'Ain Khudra liegt der *White Canyon*, eine schmale, weißgraue Schlucht.

INSIDER TIPP CASTLE ZAMAN
(133 F2) (*H6*)

Die Einrichtung von Hany Ghabrys selbst errichteter Burg ist ein Designertraum aus Naturmaterialien, modern und traditionell, alles konsequent ökologisch. Hoch über dem Meer verbringt man den Tag am schönen Pool oder in einer der Lounges, wählt eines der mittelalterlichen Essenskreationen, bestellt Drinks und hört Musik. Ein Muss! *Tgl. 8–2 Uhr | Mindestverzehr 150 £E | 35 km nördl. von Nuweiba | Tel. 012 82 14 05 91 | www. castlezaman.com | €€€*

COLOURED CANYON ⭐
(133 F2) (*G6*)

Ein schmales Tal, das seinen Namen zu Recht trägt, denn die von Wasser und Wind ausgewaschenen Felsen leuchten in den unterschiedlichsten Gelb-, Braun- und Rottönen. Sie bilden faszinierende Muster, die ihre Farbintensität behalten

haben, da vor Ort stets Dämmerlicht herrscht. Eine Tour kostet pro Tag inklusive Transport (Kamel oder Jeep), Verpflegung und Führung um die 200 £E. Empfehlenswert: Verbinden Sie den Ausflug mit einer INSIDER TIPP Übernachtung in der Wüste (Schlafsack, festes Schuhwerk und warme Kleidung nicht vergessen)! *Flash Tour (Tel. 012 3 92 05 05 | www. flashtour.travel)* organisiert Jeepsafaris mit anschließender Weiterfahrt zum Wadi El Mat. Unter dem weiten Sternenhimmel der Wüste wird ein einfaches Mahl zubereitet, das dank der atemberaubenden Kulisse schnell zu einem der besten Abendessen Ihres Lebens wird. Man kann einen Besuch im Canyon auch gut mit einer Wander- oder Jeeptour zum Katharinenkloster verbinden.

HAGGAR MAKTUB (133 E3) (*G7*)

Etwa 1 km nördlich der Straße von Nuweiba zum Katharinenkloster, wenige Hundert Meter westlich der Cafeteria, von der aus Sie zur Oase 'Ain Khudra gelangen, befindet sich ein einzeln stehender

Hoch zu Kamel kommen Sie gemächlich durch den Coloured Canyon

Felsen, dessen Name auf Deutsch etwa „Felsen der Inschriften" bedeutet. Auf ihm sind Zeichnungen aus verschiedenen Epochen zu sehen, u. a. aus nabatäischer und griechisch-römischer Zeit sowie aus der Zeit der Kreuzzüge.

NAWAMIS (133 E3) (⊘ G7)

Die rätselhaften kleinen Häuser aus mörtellos zusammengefügten Steinen, die ihren Namen von den Beduinen erhalten haben, sind vermutlich um die 5000 Jahre alt. Alle ihre Eingänge sind nach Westen hin ausgerichtet. Wahrscheinlich wurden die 2 m hohen Bauten einst als Gräber errichtet. Die Sandpiste zu ihnen zweigt Richtung Süden von der Straße Nuweiba-Katharinenkloster wenige Kilometer westlich der Cafeteria bei der Oase 'Ain Khudra ab. Die ca. 4 km lange Piste führt an einem einzelnen Felsen vorbei, auf dem Zeichnungen zu sehen sind. Sie stellen u. a. Tiere dar. Der Felsen ähnelt dem *Haggar Maktub*.

TARABIN ★ (133 F2) (⊘ G6)

Noch besitzt die einstige Beduinensiedlung 2 km nördlich von Nuweiba ihren unorganisierten Hippiecharme und man kann in Bambushütten für ein bis zwei Euro pro Nacht wohnen, aber die Zahl der Steinbungalows wächst ständig. Manche Holzhütten erhalten nun eine zweite Etage, andere sogar eine Klimaanlage. Das *El-Sebayy Village (Tel. 069 3 50 03 74 | €)* ist ein verträumtes kleines Resort mit festen Bungalows und grünem Innenhof. Beliebte, einfache Hüttencamps sind das *Blue Bus (www.blue-bus.de | €)* sowie das *Soft Beach Camp (short.travel/rot26 | €)*. Am nördlichen Rand von Tarabin bietet das *Nakhil Inn/Nakhil Dreams (26 Zi. | Tel. 069 3 50 08 79 | www.nakhil-inn.com | €€)* hübsche Studios aus Stein oder hellem Holz mit Panoramafenstern und Hochbett an. In den zahllosen Strandcafés in Tarabin können Sie gut und billig essen, vor allem frischen Fisch, oder sich bei Wasserpfeife und Bier vom Meer hypnotisieren lassen.

SHARM EL-SHEIKH

🔲 KARTE IM HINTEREN UMSCHLAG
🔲 (133 E6) (⊘ G9) **Neben Hurghada ist Sharm El-Sheikh (35 000 Ew.) einer der beiden großen Ferienorte am Roten Meer, wirkt jedoch aufgeräumter, moderner und eleganter.**

Angezogen von den überwältigenden Korallenriffen, waren die ersten Touristen Taucher; heute bevölkern ganzjährig Strandurlauber den Ort. Neben den etwa 40 Tauchcentern gibt es ein großes Freizeit-, Sport- und Unterhaltungsangebot. Das Herzstück ist die *Naama Bay*. Hier befindet sich links und rechts des Sanafir Hotels die Shoppingmeile. Die meisten Gäste wohnen in Hotels auf einer Strecke von 30 km nördlich und südlich der Naama Bay verteilt. Der eigentliche Ort im Süden, unweit der Marina, wird auch *Sharm El-Maya* genannt. Zur Naama Bay gelangt man mit dem Taxi oder einem Shuttleservice, den die Hotels oft kostenlos anbieten. Um hohen Taxipreisen vorzubeugen, hat die Verwaltung Hinweistafeln aufgestellt, denen man die aktuellen Tarife entnehmen kann.

ESSEN & TRINKEN

ABOU EL-SID ✹

Ein Ableger des Kairener Szenelokals. Spezialitäten sind u. a. *Molokhiyya* und (teuer!) *Kushari*. Guter Blick aufs Naama-Bay-Treiben. *Tgl. 11–1 Uhr | über dem Hard Rock Café | Naama Bay | Tel. 069 3 60 39 10 | €€*

Begehrte Objekte sind die Strandliegen in Sharm El-Maya das ganze Jahr

EL-FANAR
Lokal mit Bar und Disco. Fisch-, Fleisch-, italienische Gerichte. Mittwochs oft Events mit DJs. *Tgl. 11–2 Uhr | Ras Umm Sid | am Leuchtturm | Tel. 069 3 66 22 18 |* €€€

INSIDER TIPP FARES
Populäres Fischrestaurant mit hervorragend zubereiteten Gerichten; kein Alkoholausschank. *Tgl. 12–24 Uhr | Hadaba | Tel. 010 09 60 60 20 |* €€

IL FRANTOIO
Das wohl beste italienische Restaurant Ägyptens. Die exzellenten Gerichte werden in noblem Ambiente serviert. *Tgl. 18.30–23 Uhr | Four Seasons Resort | Tel. 069 3 60 35 55 |* €€€

LITTLE BUDDAH BAR
Der Szenetreff; eine Mischung aus Restaurant, Lounge und Nachtclub mit dem besten Sushi in ganz Sharm El-Sheikh. Super Cocktails und Säfte, zudem tolles asiatisches Dekor mit einer riesigen Buddhastatue. *Tgl. 13–4 Uhr | Tropitel Naama Bay Hotel | Naama Bay | Tel. 011 45 00 20 31 | www.littlebuddhaegypt.com |* €€–€€€

EL MASRIEN
Kofta, Kebab, Kushari und andere Klassiker ägyptischer Hausmannskost gibt es hier. *Tgl. 12–0 Uhr | King of Bahrain Street | Naama Bay | Tel. 069 3 66 29 10 |* €€

RANGOLI
Kleines indisches Restaurant mit einem INSIDER TIPP malerischen Blick auf die nächtliche Naama Bay. Unbedingt vorher reservieren! *Tgl. 19–23.30 Uhr | Mövenpick Resort Sharm | Tel. 069 3 60 00 81 |* €€€

SIAM
Der preisgekrönte Koch zaubert im feinen Ambiente des *Maritim Jolie Ville Resort & Casino* tolle asiatische Gerichte. *Tgl. 19–24 Uhr | Peace Road | Om Marikha Bay | Tel. 069 3 60 42 00 |* €€–€€€

Il Mercato Mall: Shoppen und Schlemmen in Tausendundeiner Nacht

EINKAUFEN

ALADIN

Kunsthandwerk, handgeblasene Abriss-gläser, Beduinenschmuck, Lampenschir-me und vieles mehr. *Tgl. 10–14 und 18–24 Uhr | Camel Dive Hotel | Naama Bay*

BARAKA CARPETS

Handgeknüpfte Teppiche, Wolle und Leinen aus ganz Ägypten. *Tgl. 10–13 und 18–24 Uhr | gegenüber dem Sanafir Hotel*

IL MERCATO MALL 🟠

Sharm El-Sheikh hat mehrere Shopping-malls (*Al Khan* und die *La Strada Mall* sowie das *Naama Center*). Das Flagschiff ist aber die *Il Mercato Mall* mit insgesamt 500 m² Fläche, Markenläden, Lokalen und Coffeeshops. *Tgl. 10–24 Uhr | Hadab*

247 SUPERMARKET

Hier bekommen Sie fast alles: 247 ist einer der größten Supermärkte des Orts, der rund um die Uhr geöffnet ist. *El-Ha-daba | www.247supermarket.com*

FREIZEIT & SPORT

AQUA BLUE 🟠

Tsunami-, Spiral- und Reifenrutschen so-wie eine Freefallrutsche: Der Aquapark mit seinen 62 Rutschen, einem Wasser-spielplatz und mehreren Restaurants bietet Wasserspaß für Jung und Alt. *Tgl. 9–19 Uhr | Eintritt 250 £E | Hadab | www. aquablusharm.co.uk*

DANIELA STEINER SPA & WELLNESS CENTER IM FOUR SEASONS RESORT 🔴

Das Center bietet nicht nur ein erstklassig ausgestattetes Fitnessstudio, sondern auch tollen Yogaunterricht und ein gro-ßes Massage- und Wellnessangebot. Wie wäre es z. B. mit der edlen **INSIDER TIPP** Kleopatra-Behandlung *(ca. 150 Euro)* samt Bad in Milch und Honig? *Shark's Bay | Tel. 069 3 60 35 55 | short.travel/rot23*

FUN TOWN PARK

Ein netter Vergnügungspark mit Auto-scooter, über einem Dutzend anderen Fahrgeschäften sowie mehr als 50 Arcademaschinen und Flipperautomaten. *Tgl. 15.30–1 Uhr | Eintritt 50 £E | Peace Road | Naama Bay | Tel. 069 3 602 5 56*

GHIBLI RACEWAY INTERNATIONAL
Moderne Gokartbahn mit vier verschiedenen Pisten, sodass Fahrer aller Altersklassen ihren Spaß haben. Helme und Overalls kann man sich vor Ort leihen. *Tgl. 12–1 Uhr | ab 100 £E | Peace Road | neben der Einfahrt zum Hyatt Regency Hotel | Tel. 069 3 60 39 39 | www.ghibliraceway.com*

KAYAKING
Eine schöne Möglichkeit, auf dem Meer den Sonnenuntergang zu genießen. Ambitionierte Sportler können bei ruhigem Wasser auch bis zum nahe gelegenen Leuchtturm, zur Lagune oder zum Canyon paddeln. Boote verleiht u. a. das *Sun and Fun Center (tgl. 10–20 Uhr | White Knight Beach | Tel. 069 3 60 25 00)*.

KITE-UND WINDSURFEN
Die Nabq Bay begeistert Kiter und Windsurfer mit konstant starkem Wind und guten Wellen. Wer's etwas individueller mag, fährt von Sharm El-Sheikh 40 Minuten nach Al-Tur. Surfspots und professionelle Hilfe gibt es an jedem größeren Hotel. Ein Kitesurfanbieter ist z. B. *Colona Watersports (tgl. 9–17 Uhr | Nabq Bay | Tel. 010 3 44 18 10 | www.colonawatersports.com)*.

SEASCOPE SUBMARINE
Das Boot mit 18 Panoramafenstern unter der Wasseroberfläche unternimmt täglich mehrere Fahrten zu Korallenriffen vor der Küste. Bestaunen Sie die farbenfrohe Unterwasserwelt. *Ticket 250 £E | Tel. 069 3 66 13 93 und Tel. 069 3 66 12 16*

SINAI XTREME PARK
Bungeejumping, Saltotrampolin, Sandsurfing, Paintballwettkämpfe und andere Attraktionen; Restaurant (€€), tagsüber auch Kinderbetreuung. *Tgl. 14–2 Uhr | Peace Road | neben der Einfahrt zum Hyatt Regency Hotel | Tel. 010 6 69 69 68*

STRÄNDE

EL FANAR BEACH
Für viele Besucher der beste Strand in Sharm El-Sheikh. Er ist nicht nur blitzsauber, sondern auch bekannt für sein Riff und ausgelassene Partynächte mit italienischem Essen und House-Musik. *Tel. 0122 7 37 09 51 | facebook.com/Elfanarbeach*

KHASHABA BEACH ●
Für alle, die einsame Strände suchen, ist der Khashaba Beach im Ras-Mohamed-Nationalpark genau das Richtige. Mit ein wenig Glück sieht man sogar Delphine, von der unberührten Unterwasserwelt gar nicht erst zu reden. Nahe des Strands gibt es auch Campingmöglichkeiten.

SHARM EL-MAYA
Sauberer Strand mit VIP-Bereich, zudem preiswerte Drinks und ein freundliches Publikum. Es wirkt fast so, als wäre man an einer Beachbar in Goa oder auf Bali. Nachts wird aus dem lebhaften Strand ein romantischer Ort für Verliebte.

TERRAZINA BEACH
Drinks, Musik, Karaoke, Vollmondfeste – Partyspaß ist hier alles, fast rund um die Uhr. *Tgl. 8–24 Uhr | Sharm el Maya Bay | Tel. 0100 5 00 66 21 | short.travel/rot27*

AM ABEND

Fast alle Hotels betreiben eigene Bars und Discos. Sehr populär ist die ⚜ *La Folie Lounge & Bar (tgl. 12–3 Uhr | Naama Bay)* im Lido Sharm Hotel, deren Chilloutmusik hervorragend zum Panoramablick über die Bucht passt. Die Pianobar bietet neben Livemusik auch Salsastunden an und die *Queen Viz Bar (tgl. 13–1 Uhr | Soho Square | gegenüber dem Savoy Hotel)* lockt mit der einzigen Eisbar Ägyptens. Zum *Soho Square (www.soho-sharm.com)*, einem Entertainmentkomplex, gehören auch die *Mandarin Bar (tgl. 17–2 Uhr)*, die *Oxygen Bar (tgl. 18–3 Uhr)*, beide sehr stylish, und der schicke *Pangaea Nightclub (tgl. 23–4 Uhr)*. Im *Hard Rock Café (tgl. 13–3 Uhr | Eintritt 60 £E inkl. Getränk | Naama Bay)* ist ab Mitternacht Disco (oft überfüllt!). Dazu gibt es drei Spielkasinos.

CAMEL BAR
Eine Institution im ägyptischen Nachtleben, mit eigenem DJ. Der Pub ist fast immer voll. Von der eleganten 🌱 Dachterrasse schaut man auf die Naama Bay. *Tgl. 16–2 Uhr | King of Bahrain Street | Camel Dive Hotel*

FANTASIA ALF LEILA WA LEILA
Ein Abend hier beinhaltet ein üppiges marokkanisches Dinner, beduinische Livemusik, eine pharaonische Sound- & Light-Show (sonntags auf Deutsch), Bauchtanz, Reiterartistik und Sufi-Tänze, alles im Preis inbegriffen. *Tgl. ab 19 Uhr Show | Eintritt 250 £E | El-Hadaba*

PACHA
Der legendäre Club besteht aus dem *Pacha Nightclub* und dem *Pacha Boat*. Die Partys starten nicht vor 22 Uhr. *Naama Bay | www.pachasharm.com*

ÜBERNACHTEN

AMAR SINA VILLAGE
Das familiäre Resort mit Pool wurde verspielt gestaltet: mit nubischem Interieur, Ziegelsteinornamenten und alten Schiffsplanken. Dazu gehört ein Kinderbauernhof mit Zoo. Ein Shuttlebus fährt Sie zum Strand. *91 Zi. | El-Hadaba | Tel. 069 3 66 22 22 | facebook.com/amarsina | €€*

HYATT REGENCY SHARM EL-SHEIKH RESORT
Bei fünf Restaurants, zwei Bars, vielen Sportmöglichkeiten, großem Spa-Angebot und Kinderbetreuung fällt es schwer, dieses Luxushotel zu verlassen, außer um sich an den hauseigenen Strand zu legen. *471 Zi. | Garden Reef Bay | Tel. 069 3 60 12 34 | www.sharm.hyatt.com | €€€*

MAGIC LIFE CLUB SHARM
Urlaub für Sportbegeisterte und Familien: Von Minifußball über Tennis und Pilates bis hin zu Step-Aerobic reicht das Angebot. Zudem gibt es ein Kino und ein Kreativatelier. *521 Zi. | Nabq Bay | Tel. 069 3 71 00 50 | www.magiclife.com | €€€*

MARITIM JOLIE VILLE RESORT & CASINO
Eine zentral gelegene Hotelanlage mit viel Grün, angeschlossenem Kasino und einer Basis des renommierten Subex-Tauchzentrums. *396 Zi. | Naama Bay | Tel. 069 3 60 01 00 | www.maritim.de | €€€*

SANAFIR HOTEL
Das Hotel liegt nicht am Strand, dafür direkt an der Amüsiermeile; hier herrscht also lautes Nachtleben. *42 Zi. | Tel. 069 3 60 01 97 | www.sanafirhotel.com | €€*

SHARK'S BAY UMBI DIVING VILLAGE 🌱
Gut ausgestattete Hütten und Bungalows an einem Felshang. Wenn Sie im Bett liegen, haben Sie einen wunderbaren Blick über den Golf von Aqaba. Gemeinschaftsduschen. Mit Tauchcenter an privatem Hausriff. *76 Zi. | Shark's Bay | Tel. 0120 0 00 15 58 | www.sharksbay.com | €*

ZIELE IN DER UMGEBUNG

NABQ-NATIONALPARK ⭐
(133 E4–5) (🗺 G8–9)
Ein sehr schöner Tagesausflug führt zu den nördlichsten Mangrovenhainen der

Welt, in das mit 600 km² Fläche größte Naturreservat Ägyptens. Dieses 35 km nördlich von Sharm El-Sheikh gelegene Schutzgebiet mit seinen bizarren Felsen, Dünen und dem großen Artenreichtum ist in faszinierende Farben getaucht. Mit etwas Glück kann man Gazellen, Nubische Steinböcke, Falken und Störche sehen. Die Tour sollte nur mit Fahrzeugen mit Allradantrieb und einem kundigen Führer unternommen werden.

RAS MOHAMMED ⭐ ●
(133 E6) (⟊ F–G9)

3 km weit ragt die schmale Halbinsel ins Meer. Sie besteht aus fossilen Korallen, die an die Oberfläche gedrückt wurden. Bis zum Fuß des sogenannten  *Shark's Observatory* an ihrer Spitze, einem 50 m hohen Felsen, gelangen Sie mit dem Pkw. Von oben haben Sie einen tollen Blick auf die Riffe im klaren Wasser und können mit etwas Glück sogar Haie sehen. An den Stränden westlich des Felsens darf gebadet werden. Das gesamte Areal gehört zu einem 480 km² großen Nationalpark, an dessen südöstlicher Seite sich eine Mangroveninsel befindet. Leider ist der Tagesausflug zum Ras Mohammed für viele Veranstalter nur Pflichtprogramm. Sie bekommen also meist nur die Hauptattraktionen gezeigt. Besser ist, Sie mieten sich ein Taxi mit beduinischem Fahrer.

Insgesamt werden fünf Ökosysteme geschützt: Wüste, Korallenriffe, Küstenbereiche, flache Lagunen sowie das offene Meer. Am bekanntesten sind die vorgelagerten Riffe, die zu den schönsten um Sharm El-Sheikh gehören. Der Hauptstrand *(Main Beach)* ist freitags und samstags oft überfüllt. Hier wird gern geschnorchelt. Achten Sie auf die Strömung! Im gesamten Park gibt es mehrere Bilderbuchstrände. Touren können Sie z. B. über *Sharm Excursions (Tel. 010 00 45 76 57 | www.sharmersexcursions.com)* buchen.

Der Nabq-Nationalpark, größtes Naturreservat in ganz Ägypten

Reisepass mitnehmen! *Tgl. von Sonnenauf- bis Sonnenuntergang | Eintritt 100 £E | 20 km südl. von Sharm El-Sheikh*

TIRAN & SANAFIR ISLAND
(133 E–F5) (⟊ G–H9)

Die Inseln sind Teil des Ras-Mohammed-Nationalparks und werden wegen ihrer strategisch wichtigen Lage auch als Militärstützpunkte genutzt. Eine innenpolitische Krise und ungeahnte Proteste löste Präsident el-Sisi 2016/17 gegen höchstrichterliche Urteile aus, als er die Inseln an Saudi-Arabien verschenken wollte. Ein Gericht stoppte das Vorhaben, zumindest vorläufig. Umgeben sind die Inseln von vier tollen Riffen, die Taucher mit anspruchsvollen Schiffswracks begeistern. Die weiße Lagune befindet sich neben Tiran Island und ist nur per Boot zu erreichen. Bootstouren werden u. a. von *San-*

Die Pharaoneninsel, ein bisschen Seefahrer-Burgen-Romantik im Land der Pyramiden

marino Water Sports (Naama Bay | Tel. 012 23 35 06 48) angeboten. Wer selbst gern das Steuer in die Hand nimmt, kann auch eine Yacht chartern (Red Sea Star | Gafy Resort | Naama Bay | Tel. 012 2 26 82 12).

TABA

(133 F1) (ΔΔ H5) **Die kleine Grenz-siedlung ist wenig sehenswert. Einige schöne Hotels warten in völliger Abge-schiedenheit auf Gäste, die mit einer großartigen Landschaft belohnt werden.** International bekannt wurde Taba durch Friedensgespräche zwischen Palästinen-sern und Israelis, die im Hotel Taba Hil-ton stattfanden.

ESSEN & TRINKEN

Die wenigen Lokale der Gegend finden Sie oft in den Hotels. Das Tuscany (tgl. 18–23 Uhr | Tel. 012 8103 99 65 | €€€), 20 km südlich von Taba im Taba Heights

Bayview Resort, serviert ausgezeichnete italienische Küche. Ein besonderes An-gebot ist das ● Dine-Around-Erlebnis: Resortgäste haben nicht nur die Mög-lichkeit, im hoteleigenen Restaurant zu essen, sondern auch Tische im Chez Pas-cal (El Wekala Hotel), Tanour und Breeze (Miramar) sowie dem L'Asiatic (Sofitel) zu reservieren. Im Ortskern gibt es mehrere Gaststätten, darunter das hervorragende Fischrestaurant Flying Carpet (tgl. 18–24 Uhr | Tel. 069 3 58 00 99 | €€). Auch das Sea Club Restaurant (tgl. 8–17, im Sommer bis 18 Uhr | im Waterworld | Tel. 012 20 02 67 28 | €−€€) bietet ausge-zeichnete Fisch-, Steak- und Nudelgerichte. Da das Fischen im Golf von Aqaba einge-schränkt wurde, holt das Lokal den Fisch im eigenen Kühlwagen vom Mittelmeer.

FREIZEIT & SPORT

WATER WORLD
Ein Wassersportzentrum mit großem Angebot und Betreuung auf hohem

professionellen Niveau: Tauchen (auch Ausrüstungsverleih und Touren), zudem Kreuzfahrten mit Segelyachten, Wasserski, Windsurfen etc. *Tgl. 8–17, im Sommer bis 18 Uhr | südl. von Taba Heights | Tel. 012 20 02 67 28 | www. redseawaterworld.com*

ÜBERNACHTEN

TABA HEIGHTS
Nach dem Vorbild von El Gouna – die Architektenpläne der großen Hotels hat man einfach gespiegelt – wurden mehrere elegante Luxusresorts internationaler Ketten (u. a. Club Med, Sofitel) um einen künstlichen Ortskern gruppiert. Sie bilden ein weitläufiges Dorfhotel, in dem man so manche Strecke zu Fuß zurücklegen muss. *20 km südl. von Taba | www. tabaheights.com | €€€*

TOBYA BOUTIQUE HOTEL ☆
Schöne, verspielt gestaltete Zimmer, fast immer mit Blick auf den Golf von Aqaba. Zudem gibt es einen Pool und einen eigenen Strand vor einem tollen Bergpanorama. *91 Zi. | 2 km vor der israelischen Grenze | Tel. 069 3 53 02 75 | www. tobyaboutiquehotel.com | €€*

ZIELE IN DER UMGEBUNG

EILAT *(133 F1) (ΦΦ H5)*
Tagesausflüge in den israelischen Ferienort sind problemlos möglich. Dort können Sie mit Delphinen am *Dolphin Reef (www.dolphinreef.co.il)* schwimmen und im *Underwater Observatory (www. coralworld.com/eilat/eng)* 6 m unter die Wasseroberfläche hinabsteigen. Oder Sie genießen einfach bei Sonnenuntergang auf einer Restaurantterrasse den wunderschönen Blick auf den Golf von Aqaba. Was Eilat darüber hinaus auszeichnet, ist sein Nachtleben, das mit

zum besten der Region gehört. International ist auch das Restaurantangebot. Bei der Rückkehr nach Ägypten erhebt das Land eine Einreisesteuer in Höhe von 46 £E. Wichtig: ein ägyptisches Wiedereinreise- *(Re-entry-)* bzw. ein Mehrfachvisum! Erkundigen Sie sich am Grenzübergang oder direkt beim Reiseveranstalter. Bei der Ausreise verlangt Israel eine Steuer von knapp 30 Euro. Der Grenzübergang ist an manchen Feiertagen geschlossen. Zwischen der Grenze und Eilat fahren Stadtbusse und Taxis. Euro, nicht aber ägyptische Pfund, können Sie problemlos in israelische Schekel wechseln; Geldautomaten gibt es reichlich.

THE FJORD (MARSA MURAKH) ★
(133 F1) (ΦΦ H5)
Die schönste Bucht Ägyptens steht unter Naturschutz und ist  ideal zum Baden im türkisblauen Wasser und natürlich zum Sonnen. Aber auch die Korallenriffe vor der Küste sind herrlich und ein echtes Highlight für Taucher. Selbst erfahrene Sportler betrachten das *Fjord Hole* mit 16 m Tiefe als echte Herausforderung, aber die artenreiche Fischwelt in der Tiefe entschädigt für jede Mühe. Eine gute Alternative für weniger wagemutige Taucher ist das *Fjord Banana* mit einer Tiefe von bis zu 12 m. Zudem gibt es eine einfache ☆ Freiluftcafeteria an der Straße mit grandioser Aussicht, dafür jedoch ziemlich überteuerten Getränken. *15 km südl. von Taba*

GEZIRET AL-FARA'UN ★
(133 F1) (ΦΦ H5)
Im Jahr 1115 erbauten Kreuzritter an einer wichtigen Handelsroute die malerische Burg auf der Insel Geziret al-Fara'un, der Pharaoneninsel, die 55 Jahre später von Salah al-Din (Saladin) erobert wurde. *10 km südl. von Taba | Überfahrt ca. 20 £E, Eintritt 20 £E*

WEST- UND ZENTRALSINAI

Wer vom ägyptischen Festland aus zur Sinai-Halbinsel fährt, passiert den Ahmed-Hamdi-Tunnel unter dem Suezkanal und befindet sich danach nicht mehr auf dem afrikanischen, sondern dem asiatischen Kontinent. Wie ein Keil scheint sich der Sinai zwischen die beiden Erdteile zu schieben.

Die Küstenstraße Richtung Sharm El-Sheikh am Golf von Suez entlang bietet wenig Sehenswertes, lediglich einige Strandhotels in schöner Lage stehen für Badeurlauber bereit. Doch 200 km südlich des Tunnels führt eine Straße nach Osten ins Innere der Halbinsel – mitten hinein in eine faszinierende Bergwelt. Diese Felsenlandschaft hat den Sinai berühmt gemacht, wie auch die Vermutung, dass die mehreren Tausend vom Propheten Moses geführten Israeliten während ihres Auszugs aus Ägypten Richtung Gelobtes Land hier entlanggekommen sein könnten. 60 km im Landesinnern folgt das Wadi Feiran, die größte Oase im Südsinai, und nach weiteren 60 km der 2285 m hohe 🌟 Gebel Musa (Mosesberg), auf dem der Prophet die Zehn Gebote empfangen haben soll. Besonders bei Sonnenaufgang wird er zum Ziel von zahlreichen Pilgern und Touristen.

Die gesamte Gegend im Westen und in der Mitte der Halbinsel gilt zusammen mit dem Areal um das Antonius- und das Pauluskloster als Geburtsstätte des christlichen Mönchswesens. Zur Zeit der frühen Christenverfolgung durch die Römer, vermutlich im 1. und 2. Jh. n. Chr., ließen sich hier fromme Einsiedler nieder,

Wo Gott einst zu Moses sprach, pilgern Gäste aus aller Welt zum Katharinenkloster und durch eine wahrhaft biblische Landschaft

die anfangs in Höhlen hausten. Spuren der Besiedlung durch Eremiten wurden z. B. in der Gegend um die heutige Provinzhauptstadt Al-Tur am Golf von Suez gefunden. Bald schon versammelten sich die Einsiedler an den Wochenenden und errichteten einfache Zweckbauten, etwa im Wadi Al-Awag, 9 km nördlich von Al-Tur. Aus Siedlungen dieser Art entstanden schließlich die ersten Klöster.

Das griechisch-orthodoxe Katharinenkloster am Fuß des Bergs, dort, wo Gott aus dem brennenden Dornbusch zu Moses gesprochen haben soll, ist die Hauptattraktion der Halbinsel. Für Juden, Christen und Muslime, die Moses ebenfalls als Propheten verehren, ist das gesamte Areal heiliges Land. 2002 wurde es von der Unesco zum Weltkulturerbe erklärt. Das Gebiet gehört zu einem Nationalpark, dem *St. Catherine Wildlife Protectorate (www.st-katherine.net)*, der 20 Prozent der Fläche des Südsinai umfasst. Mit ihm möchte man den Artenreichtum der Flora und Fauna bewahren, die schädlichen Einflüsse des Tourismus minimieren und

die alte Kultur der etwa 7000 hier ansässigen Beduinen schützen. 4000 von
ihnen gehören zum Stamm der Gebalaya,
vermutlich Nachfahren von Mazedoniern,
die im 6. Jh. als Schutztruppe des Klosters angesiedelt wurden.

Im Katharinenkloster gibt es
mehr als 2000 Ikonen

Der gesamte Nationalpark eignet sich
hervorragend für ein- oder mehrtägige
Wander-, Kamel- oder Jeeptouren, die
Sie jedoch in jedem Fall besser mit einem
ortskundigen Führer unternehmen sollten. Zu den unvergesslichen Erlebnissen
auf diesen Ausflügen zählen die Abende
beim *magaad,* dem traditionellen Bei-
sammensein der Beduinen am Lagerfeuer bei Tee mit *habak,* einem minzeähnli-

chen Kraut aus dem Sinai. Vergessen Sie
bitte nicht einen Schlafsack, Verpflegung
und Trinkwasser, festes Schuhwerk und
Sonnenschutz sowie im Winter wärmere
Kleidung einzupacken. *www.wilderness-
ventures-egypt.com*

KATHARINEN-
KLOSTER

(133 D4) (*F7–8*) **Knapp 5 km unter-
halb des Klosters liegt der kleine Ort
Al-Milga, auch St. Katrien genannt.**
Hier befinden sich Hotels, einige Geschäfte sowie das *Visitor Centre.* Die meisten
Ausflüge in die Umgebung müssen bei
den Behörden angemeldet und geneh-
migt werden. Das übernimmt Ihr Hotel
oder Ihr Beduinenführer. Führen Sie unterwegs immer Ihren Reisepass mit!

SEHENSWERTES

KATHARINENKLOSTER ★ ●
Während die Besucher, unter ihnen Pilger aus aller Welt, nichts Biblisches an
diesem Ort verpassen wollen, suchen
die gut 20 Mönche ein weltabgewandtes,
asketisches Leben, das sie Gott widmen
möchten, weshalb das Kloster für nur
knapp drei Stunden pro Tag seine Pforte
öffnet. An manchen Tagen strömen dann
über 1000 Menschen hinein. Die explosi-
onsartige Zunahme der Besucherzahlen
sei, so Erzbischof Damianos, ein unlös-
bares Dilemma. Dabei ist nur ein kleiner
Teil des Komplexes öffentlich zugänglich.
Das Katharinenkloster ist die kleinste
Diözese der Welt und gleichzeitig die
weltweit älteste noch bewohnte Mönchs-
siedlung. Der römische Kaiser Justinian
ließ das Kloster vor über 1400 Jahren errichten, nachdem bereits Jahrhunderte
zuvor fromme Einsiedler hier gelebt hat-

ten. Diese besaßen eine Kapelle, die der zum Christentum konvertierte römische Kaiser Konstantin im Jahr 330 gestiftet hatte. Doch erst 200 Jahre später wurde das Areal dann im Auftrag Justinians mit einer Schutzmauer versehen. Seinen Namen verdankt das Kloster der heiligen Katharina aus Alexandria, die Anfang des 4. Jhs. während der Christenverfolgung getötet wurde. Engel sollen ihre Gebeine auf den Gebel Katrien (2642 m), den höchsten Berg auf dem Sinai, gebracht haben. Noch heute holen die Mönche zur Andacht die geschmückte, skelettierte Hand der Katharina hervor.

Verschiedene Schutzbriefe garantierten den Mönchen jahrhundertelang Sicherheit, darunter einer des Propheten Mohammed. Eine Kopie des Originals, dessen Echtheit bislang nicht bewiesen ist, hängt im Eingangsbereich. Höhepunkt des Klosterbesuchs ist die mit Kronleuchtern, Kerzenständern, Mosaiken, Bildnissen und Holzarbeiten geschmückte byzantinische Basilika. Ein *Museum (Eintritt 25 £E)* zeigt wertvolle Bibeln und eine Auswahl der über 2000 Ikonen, die das Kloster zu einer der weltweit wichtigsten Ikonensammlungen machen. Gegenüber dem Eingang zur Vorhalle befindet sich der Mosesbrunnen, wo Moses seine Frau getroffen haben soll. Die Dornbuschkapelle an der Nordseite der Basilika ist die meiste Zeit über nicht zugänglich. Hier soll sich einst der brennende Dornbusch befunden haben. Ebenfalls nicht zugänglich ist die Bibliothek, die neben dem Vatikan die weltweit wertvollste Sammlung christlich-religiöser Manuskripte besitzt, darunter eine Kopie des ältesten Neuen Testaments.

Im Kloster gibt es zudem eine Moschee; sie entstand um das Jahr 1106, um einen fatimidischen Kalifen zu beschwichtigen – welchen, das ist bis heute umstritten. *Mo–Do und Sa 9–11.45 Uhr, an grie-* *chisch-orthodoxen Feiertagen geschl. | www.sinaimonastery.com*

ESSEN & TRINKEN

Neben den Hotelrestaurants finden Sie im Ortskern von Al-Milga kleine Imbisse. In der Cafeteria *Al Banorama (€)*, laut Visitenkarte „Rostoran & Kovechop", gibt es Hähnchen, Pizza, Suppen und Nudelgerichte. Ein ähnliches Speiseangebot haben das *Katrien Resthouse* und die *Kafeteria Ikhlas (beide unweit der Moschee | €)*.

EINKAUFEN

INSIDER TIPP **FANSINA**

Die Kooperative von über 300 Beduinenfrauen aus der Gegend stellt Kissenbezüge, Taschen, Zuckersäckchen, Schmuck und andere Dinge in traditionellem Stil

---

MARCO POLO HIGHLIGHTS

⭐ **Katharinenkloster**
Das älteste ununterbrochen bewohnte Kloster der Christenheit ist zugleich die kleinste Diözese der Welt → S. 52

⭐ **Gebel Katrien (Katharinenberg)**
Der höchste Berg auf der Sinai-Halbinsel → S. 56

⭐ **Gebel Musa (Mosesberg)**
Der Berg ist Juden, Christen und Muslimen heilig. Moses, Prophet aller drei Religionen, soll hier die Zehn Gebote empfangen haben → S. 56

⭐ **Gebel Fuga**
Stehende Lavasäulen bilden den *Forest of Pillars* → S. 59

her. Die Frauen arbeiten auch mit internationalen Designern wie der Deutschen Susanne Kümpers zusammen. *Tgl. 9–15 Uhr | Al-Migla | www.fansina.net*

FREIZEIT & SPORT

In dieser Region dreht sich fast alles um Trekking und Wandern. Dabei setzen die Veranstalter zunehmend auf grünen Tourismus und Themenwanderungen.

KRÄUTER SAMMELN

Das Gebiet rund um den Berg Sinai (Gebel Musa) gilt seit Jahrhunderten als Kräutergarten der Beduinen. Manuskripte, die verraten, welche der seltenen dort wachsenden Pflanzen als Heilmittel für Krankheiten gelten, werden seit Generationen in den Familien weitergegeben. Dr. Ahmed Embah, ein ortsansässiger Heilexperte, gibt sein Wissen über die Kräuterwelt gern bei geführten Touren unter dem Motto „Kräuter sammeln und den Sinai erkunden" weiter. *www.embah.com*

WÜSTEN- & STERNE-WANDERUNG ●

Eine spezielle Art, die Wüste rund um den Berg Moses kennenzulernen, bietet die in Kairo lebende deutsche Astronomin Paula Müller mit ihrer „Wüste & Sterne"-Tour in die Bergwelt des Sinai an. Im Preis inbegriffen sind hochwertige Teleskope und astrologische Interpretationen. Die nächtlichen Sternenwanderungen gibt es ab 200 £E. *Tel. 010 5 76 97 88 und +49 8221 2 76 77 07 | www. sternenpaula.com*

YOGA

Neben professionellen Yogakursen in den Resorts verzaubert der West- und Zentralsinai Yogageübte mit einsamen Orten, die sich prima dazu eignen, in sich zu gehen. Die drei besten Plätze sind Hamatat El Bada mit einer Traumaussicht auf den Gebel Musa, Frash Rolf und Ge-

BÜCHER & FILME

Im Taxi – Chalid al-Chamissi hat in seinem Buch (2011) Dutzende Gespräche mit Taxifahrern dokumentiert. Ein heiter-traurig-bitterer Blick in den Alltag

Die Kinder unseres Viertels – Das Buch (1990) gilt als erster moderner arabischer Roman und war ausschlaggebend für die Verleihung des Literaturnobelpreises an Autor Naguib Mahfuz (1911–2006). Weil darin Protagonisten auftreten, die an Adam, Moses, Jesus und Mohammed erinnern, wurde das Buch in Arabien verboten

Der Jakubijan-Bau – Alaa Al-Aswanis gesellschaftskritischer Roman (2002) be-

schreibt das Ägypten von heute und seine Tabus schonungslos: Korruption, islamistischer Extremismus, Ehebruch, Homosexualität und politische Repressionen

Das Schicksal – (1998) Ein Plädoyer gegen islamischen Fundamentalismus von Starregisseur Youssef Chahine (Goldene Palme 1997 in Cannes fürs Lebenswerk). Den Soundtrack liefert u. a. Popstar Mohamed Mounir

Das Zelt – (2001) Die rührende Geschichte eines behinderten Beduinenmädchens. Nebenbei bringt Autorin Miral Al-Tahawi dem Leser die traditionelle Kultur der Beduinen näher

Yoga im Sinai = Tänzer, herabschauender Hund und Sonnengruß mit genialem Ausblick

bel Safsafa, heilige Orte mit orthodoxen Klöstern, außerdem das **INSIDER TIPP** El-Guna-Plateau mit Blick auf das Katharinenkloster, Dahab und Nuweiba.

ÜBERNACHTEN

INSIDER TIPP AL-KARM ECOLODGE

Diese einfache, ökologische Beduinenherberge, deren Name „Garten" bedeutet, ist ein echtes Schmuckstück. Eine 300 Jahre alte Siedlung der Gebalaya-Beduinen wurde mithilfe von Oliver Seddnaoui, einem französischen Spezialisten für Ecolodges, umgebaut, erhielt kompostierende Toiletten, eine Warmwasser-Solaranlage sowie von den Beduinenfrauen gestaltetes Bettzeug. Traumhaft ist die abgeschiedene Lage inmitten der Bergwelt, 20 km von Al-Milga entfernt. Es gibt keinen Strom, die Gäste kochen selbst oder essen mit den Beduinen, mit denen Sie auch preisgünstig Touren unternehmen können. Es ist empfehlenswert, einen Schlafsack mitzubringen. *6 Zi. für mind. 20 Pers. | Wadi Gharba | Siedlung Sheikh Auwaad, nahe dem Dorf Tarfa (von Al-Migla Richtung Wadi Feiran) | Tel. 011 13 62 22 25 und 069 3 47 08 80 (Nationalparkbüro) | short.travel/rot12 | €−€€*

CATHERINE PLAZA

Nicht das romantischste, aber das beste Hotel am Ort. Klimatisierte Zimmer in rötlichen Granitsteinbauten, mit TV und Bad. Der kleine Swimmingpool ist im Winter beheizt. Zudem gibt es mehrere Restaurants und eine Bar. *147 Zi. | Tel. 069 3 47 02 89 und 022 4 17 89 28 (via Kairo) | www.catherineplaza.com | €€−€€€*

DESERT FOX CAMP

Die Beduinen Soliman und Farrag El Gelaby betreiben das einfache, billige Camp, besorgen fachmännisch und zuverlässig Genehmigungen für Touren in entlegene Gebiete und bieten preisgünstige Insidersafaris an. Schlafsack mitbringen! *24 Zi. | Tel. 069 3 47 03 44 | short.travel/rot24 €*

GUESTHOUSE ST. CATHERINE

Die fast schon legendäre Herberge direkt am Kloster wurde vor einigen Jahren modernisiert. Einfache Zimmer mit eigenem Bad. *52 Zi. | Tel. 069 3 47 03 53 | short. travel/rot28 | €€*

MOUNT SINAI ECOLODGE 🌿 ⬤

Verborgen hinter dem Berg Sinai ist die von Beduinen betriebene Herberge eine wahre Ruheoase. In Laufdistanz zum Katharinenkloster bietet sie vier Doppel- und drei Dreibettzimmer mit Solarenergie. Zudem können Sie zum Sonnenauf- oder -untergang in Begleitung von Beduinenführern Wanderungen auf den Berg Sinai machen. Im Restaurant wird traditionelle, einfache Küche serviert, Highlight: das selbst gebackene Brot. *7 Zi. | Tel. 011 3 62 22 25 | www.sheikhsina.com | €*

AUSKUNFT

Das hervorragende neue *Visitor Centre (Al-Milga | Hauptstraße am Ortseingang | Eintritt 20 £E)* erläutert in sieben Steinhäuschen, die der Nabatäer-Architektur nachempfunden sind, Flora, Fauna, Geologie und die Besiedlungsgeschichte des Nationalparks. Eine Institution im Ort ist *Sheik Musa (Mountain Tours Office | Tel. 069 3 47 04 57 und Tel. 3 47 00 42 | www. sheikmousa.com)*. Bei ihm bekommen Sie alle wichtigen Informationen, er vermittelt Beduinenführer und beschafft Genehmigungen.

ZIELE IN DER UMGEBUNG

GEBEL ABBAS PASHA 🌸

(133 D4) (*ØQ F7*)

Auf dem 2383 m hohen Berg wollte der schwer an Tuberkulose erkrankte ägyptische Vizekönig Abbas Hilmi I. im Jahr 1853 eine Villa in klarer Höhenluft bauen. Diese wurde jedoch niemals fertiggestellt. Die Wanderung dorthin dauert insgesamt neun Stunden und führt Sie durch eine **INSIDER TIPP** spektakuläre Pflanzen- und Bergwelt, vorbei am sogenannten „Felsen der Heiratsanträge" und an einem uralten Maulbeerbaum.

GEBEL KATRIEN (KATHARINENBERG) ⭐ 🌸

(133 D4) (*ØQ F7*)

Für den Aufstieg auf den mit 2642 m höchsten Berg des Sinai reicht ein Tag kaum aus, besser Sie planen zwei ein und buchen eine Tour mit Beduinen inklusive Lagerfeuer; Abmarsch ist um Mitternacht. Nach der anstrengenden Wanderung werden Sie mit einem atemberaubenden Fernblick belohnt. *6 km südwestl. des Gebel Musa*

GEBEL MUSA (MOSESBERG) ⭐ 🌸

(133 D4) (*ØQ F8*)

Der Sonnenaufgang auf dem 2285 m hohen Berg gehört zu den schönsten Erlebnissen einer Sinaireise. Die dreistündige Wanderung ist anstrengend, aber leicht zu organisieren: ab Mitternacht bieten

Hinterlässt einen bleibenden Eindruck: der Sonnenaufgang auf dem Mosesberg

beduinische Führer am Katharinenkloster ihre Dienste an *(ab 120 £E | Taschenlampe mitbringen!)*. Wie Sie den biblischen Berg Sinai erklimmen, ist in Erlebnistour 4 (s. S. 105) ausführlich beschrieben.

WADI FEIRAN (132 C3) (🕮 E7)

In dem Tal, durch das die Asphaltstraße von der Westküste des Sinai zum Katharinenkloster führt, befindet sich die größte Oase der Halbinsel. Auf einer Strecke von ca. 10 km fahren Sie durch Palmenhaine und an den Gärten und Stein- bzw. Betonbauten der hier ansässigen Beduinen vorbei. Ein kleines Kloster erinnert heute noch an die einstige Bedeutung der Oase. In der christlichen Überlieferung spielt sie öfter eine Rolle, es könnte sich, so meinen einige Historiker, um das biblische Refidim handeln. So soll Moses in der Nähe mit einem Stab Wasser aus einem Felsen geschlagen haben. Die Beduinen schreiben dieses Wunder einem Felsen zu, der sich westlich der Oase befindet, wenige Kilometer vor der Abfahrt zum Wadi Mukattab. Mit dessen frischem Wasser gestärkt, soll Moses seine Leute in die Schlacht gegen die Amalekiter geführt haben, die sich unweit des Bergs *Tahuna* zugetragen haben könnte. An seinen Hängen befinden sich die Ruinen einer kleinen Kirche. Erreichbar ist der Gebel Tahuna nach einer einstündigen Wanderung von der Hauptstraße Richtung Norden. Auch hier erinnert ein kleines Nonnenkloster an die biblische Vergangenheit. *60 km westl.*

WADI MUKATTAB/WADI MAGHARA (132 C3) (🕮 E7)

Im Tal der Inschriften befinden sich auf mehreren Kilometern Bilder und Texte, die in die Felsen geritzt wurden. Sie stammen aus nabatäischer, römischer und byzantinischer Zeit. Vom Wadi Mukattab aus gelangen Sie in nordwestlicher Richtung zum Wadi Maghara und passieren auf halber Strecke das Grab von Sheikh Soliman. Im Wadi Maghara bzw. in einer kleinen Seitenschlucht mit dem Namen Wadi Qenaia zeugen Überreste einer Siedlung vom Türkisabbau, der hier vor über 4500 Jahren betrieben wurde. Zu den in den Fels gehauenen Minen müssen Sie zu Fuß den Osthang des Gebel Maghara hinaufsteigen. Dort finden Sie auch ein Felsrelief, das Pharao Sechemchet (um 2600 v. Chr.) zeigt. Ne-

Serabit Al-Khadem: Pharaonen-Mine, in der heute die Archäologen graben

ben ihm kämpfen seine Getreuen gegen die Sinaibewohner. Sofern es Ihre Zeit erlaubt, können Sie vom Wadi Maghara aus Richtung Nordwesten zum Gebel Fuga (3 Std.) und von dort weiter zu den Minen von Serabit Al-Khadem (1 Std.) fahren. *Etwa 6 km nördl. der Straße, die vom Golf von Suez zum Katharinenkloster führt; Abzweig zum Wadi Mukattab liegt 25 km westl. der Oase Feiran*

RAS SUDR

(132 A1) *(øt C5)* **Die Stadt 60 km südlich des Ahmed-Hamdi-Tunnels und 85 km nördlich von Abu Zenima hat keine Sehenswürdigkeiten, ein Urlaub an ihren Stränden aber durchaus Vorteile.** Denn sowohl Kairo als auch die Bergwelt des Sinai sind nur zwei bis drei Autostunden entfernt. Sie können also Ausflüge in die ägyptische Metropole und in den Zentralsinai machen. Die gesamte Küste bietet ideale Bedingungen für Surfer und Kiter.

FREIZEIT & SPORT

WIND- UND KITESURFEN
Ras Sudr gilt wegen der großen Flachwasserlagune, zwei Meerwasserpools und dem konstant starken Sideshore-Wind als guter (Kite-)Surfspot am Roten Meer, sofern man nicht auch auf Luxushotels und prickelndes Nightlife Wert legt. Da wäre man hier falsch. Das ● *Kitesurfing Village (tgl. 9–17 Uhr | Tel. 012 04 90 20 43 | www. kitesurfingvillage.com)* bietet von März bis November Anfänger- und Fortgeschrittenenkurse sowie Leihmaterial an. Kite und Board für drei Tage kosten ab 270 £E, Kite- und Windsurfkurse ab 2200 £E.

ÜBERNACHTEN

KITESURFING GREEN SUDR
Sauberes, wegen der eigenen (Kite-)Surfstation bei Wassersportlern beliebtes Mittelklassehotel. Der Strand ist weitläufig. Essen gibt es in Buffet- oder Menüform. *136 Zi. | Tel. 012 23 75 79 51 | kitesurfinggreensudr.online | €€*

SINAWAY LAGOON HOTEL AND SPA
Das Strandhotel 30 km nördlich von Ras Sudr ist riesig und vor allem bei einheimischen Gästen beliebt, so urlaubt man

hier mit vielen Familien und noch mehr Kindern. Wassersport sowie Surfkurse werden auch für die Kleinen angeboten; abends ist Animation angesagt. *232 Zi. | Oyun Moussa | Tel. 0122 3 75 79 51 (via Kairo) | short.travel/rot29 | €€–€€€*

ZIELE IN DER UMGEBUNG

GEBEL FUGA ★ ☀ (133 D2) *(⟨⟩ E6)*
Am Fuß des Bergs bilden Lavasäulen einen eindrucksvollen „Wald", den *Forest of Pillars*. Diese auf dem Sinai einmalige geologische Besonderheit erreichen Sie über die einstige Türkismine *Serabit Al-Khadem.* Die Entstehung der über 1 Mio. Jahre alten Säulen ist umstritten. Möglicherweise befand sich der Sinai damals an dieser Stelle unter der Meeresoberfläche und die aus dem Meeresboden austretende Lava erstarrte im Wasser zu Magmasäulen. Eine Tagestour mit einem Allradfahrzeug können Sie bei dem erfahrenen Beduinen *Rabia Barakat (Tel. 0100 5 31 23 80)* buchen. *160 km südöstl. von Ras Sudr*

HAMMAM FARA'UN (132 B2) *(⟨⟩ D6)*
Im Bad des Pharaos treten heiße Schwefelquellen aus den Felsen; sie sammeln sich in einer Grotte oder fließen ins Meer. Die Beduinen schwören auf ihre heilende Wirkung bei Rheuma. Trotz des leichten Schwefelgeruchs können Sie hier hervorragend entspannen. Zwei Frischwasserquellen befinden sich südlich von Ras Sudr in Abu Morir und Ein Taraqi. Außerdem gibt es auch ● natürliche Saunen: kleine aufgeheizte Höhlen im Felsen, in denen man kostenlos schwitzen kann. Handtuch nicht vergessen! *Zugang zum Strand bis etwa 18 Uhr | 50 km südl. von Ras Sudr*

SERABIT AL-KHADEM ☀
(132 C2) *(⟨⟩ E6)*
In den Minen förderten die Pharaonen ein Mineral, das für sie ein Symbol des Le-

bens war: den Edelstein Türkis. Während der 12. Dynastie, vor knapp 4000 Jahren, wurde hier auch Kupfererz abgebaut. In dieser Zeit entstanden Teile eines Tempels, der der Göttin Hathor gewidmet war und später erweitert wurde. Zu sehen sind seine Ruinen, Stelen mit Inschriften. Die zu besichtigenden Reste dieses einzigen bekannten pharaonischen Tempels auf dem Sinai stammen überwiegend aus der Zeit des Neuen Reichs, sind also höchstens 3500 Jahre alt. An den Tempelwänden sind die Namen von 387 Männern verewigt, die einst die Expeditionen mit dem Ziel der Ausbeutung der Minen leiteten.

Das gesamte Areal begeisterte Wissenschaftler immer wieder mit eindrucksvollen Zeugnissen von der frühen Besiedlung und Nutzbarmachung. Bereits 1906 wurden hier geritzte Zeichnungen entdeckt, die später als eine der ersten semitischen Formen eines Alphabets identifiziert wurden. Die Schriftform wird als protosinaitisch bezeichnet. Viele Stollen- und Tunnelwände sind mit Flachreliefs und Inschriften verziert, die einen religiösen Zweck erfüllen und beweisen, dass die Arbeiter und die Abgesandten der Pharaonen ähnliche Kulte betrieben. Vermutlich arbeiteten in den Minen keine Sklaven, sondern semitische Halbnomaden aus der Region um Serabit Al-Khadem. Die ägyptische Verwaltung stellte vor einigen Jahren 12 Mio. £E für die Sanierung des Geländes bereit. Unter anderem soll eine Straße gebaut werden, die die Minen und den Tempel auch für Touristenbusse erreichbar macht. Bislang war ein geländegängiger Wagen nötig. Der Weg auf das 850 m hohe Plateau beginnt 2 km südlich der Tankstelle in Abu Zenima. Zu Fuß dauert der Aufstieg zum Tempel zwei Stunden, aber die Besucher werden mit pharaonischen Stätten abseits des großen Touristentrubels, wie er in Luxor und Kairo herrscht, belohnt.

NÖRDLICH VON HURGHADA

Verglichen mit der Gegend um Hurghada ist die gesamte Küste zwischen Suez und El Gouna nur spärlich touristisch entwickelt. Die Strände aber sind nicht weniger schön, und so entstehen auch hier mehr und mehr Hotels und Resorts, besonders in der Gegend um 'Ain Sukhna, rund 55 km südlich von Suez.

Die fast stündlich zwischen Kairo und Hurghada fahrenden Busse passieren den kleinen Ort, eine Ansammlung von fertigen und halb fertigen Ferienanlagen, Siedlungen, Villen, einen der größten Containerhäfen des Nahen Ostens und Yachtanlegestellen – alles auf einer Länge von mehreren Dutzend Kilometern. Weiter südlich führt die Fahrt auf einer gut ausgebauten Straße Richtung El Gouna/Hurghada fast immer am Meer entlang, aber überwiegend durch eine eintönige Landschaft, vorbei an einsamen Militärposten und öden Siedlungen, nur gelegentlich aufgelockert durch reizvolle Blicke auf die Berge im Westen. Im Meer vor der Küste werden Erdgasfelder erschlossen, am Ufer entstehen die dazugehörigen Versorgungsposten für die Beschäftigten in der Förderindustrie. Rund 60 km südlich von 'Ain Sukhna befindet sich der kleine Hafenort Zaafarana.

'AIN SUKHNA

(131 A5) (*M* C5) **Der boomende Ort verdankt seinen Namen einer Schwefelquelle, die ihren Ursprung in den Bergen im Hinterland hat, aber nicht reizvoll ist.**

Bild: Korallenriff nahe des „Chrisoula K"-Wracks bei Abu Nuhas

Diese Region ist der ideale Ausgangspunkt für Touren nach Kairo, zu den Städten am Suezkanal und ins älteste Kloster Ägyptens

Ganz bestimmt nicht ihretwegen also, sondern wegen der Nähe zu Kairo, wird die Gegend mehr und mehr touristisch erschlossen. Die Strände genießen einen hervorragenden Ruf. Selbst einige Korallenriffe in Ufernähe gibt es, die sich gut zum Schnorcheln eignen. Es sind Kairener aus der Ober- und der gehobenen Mittelschicht, die sich hier Villen und Bungalows kaufen. Als eine der besseren Anlagen gilt das ☀ *La Siesta Mountain Resort* *(www.lasiestaegypt.com)* mit schönem Blick von einer Anhöhe über den Golf von Suez. Hier besitzen auch Europäer bereits Immobilien, darüber hinaus werden tageweise Bungalows vermietet. Da 'Ain Sukhna Wochenendziel für viele Kairener ist, wird es in den Hotels an ägyptischen Feiertagen oft laut, und die Strände sind überfüllt. Andersherum ist dies jedoch durchaus positiv. So können Touristen von hier aus zu Tagesausflügen nach Kairo aufbrechen. Die Fahrt dorthin dauert auf der Mautstraße 90 Minuten. Es gibt in 'Ain Sukhna einige öffentliche bzw. unbewachte Strände, manchmal werden ein paar Pfund Gebühr verlangt. Der Zugang zu Stränden unweit der Hotels kann ab 20 £E aufwärts kosten, inklusive Sonnenschirm. Mittlerweile hat sich der Ort auch einen Namen als Golfdestination *(www.sokhnagolfclub.com)* gemacht.

Relaxen, wenn andere arbeiten: zum Beispiel am Strand bei 'Ain Sukhna

Wegen der Nähe 'Ain Sukhnas zum *Antonius*- und zum *Pauluskloster* bieten sich Ausflüge dorthin an (s. S. 99). Leicht zu erreichen sind auch der Suezkanal sowie die Provinzstädte Suez und Ismailia (55 bzw. 140 km nördlich).

ESSEN & TRINKEN

Die Hotels besitzen gute bis bessere Restaurants. Außerhalb der Ferienanlagen werden Sie jedoch kaum gute Lokale finden. Vor dem Eingang des Porto Sokhna Beach Resort & Spa haben sich zahlreiche Restaurantketten wie *Chilli's, Pizza Hut (tgl. | €)* und das sehr ansprechen-

de italienische Lokal *La Siesta (tgl. 11– 23 Uhr | unweit des La Siesta Mountain Resorts | Tel. 202 3 95 81 79 | €€)* angesiedelt. Entspannen können Sie sich in den vielen Straßen- und Shishacafés. Für Selbstversorger ist der Supermarkt im Porto Sokhna Beach Resort & Spa die beste Adresse.

INSIDER TIPP BOUILLABAISSE
Restaurant im Dome Marina mit leckeren Fischgerichten. Tolle Fischsuppe, schöne ⚘ Terrasse mit Blick auf den Yachthafen. Mindestverzehr 150 £E. *Tgl. 12–23 Uhr | unweit des La Siesta Mountain Resorts | Tel. 062 3 21 00 70 | €€*

FREIZEIT & SPORT

GOKARTING
PS-Begeisterte können sich auf der Gokartbahn *Let's Go Karting* in Port Sukhna austoben. *Tgl. 10–16 Uhr | Port Sukhna | Tel. 012 28 82 63 86*

GOLF
Der 18-Loch-Golfplatz des Hotels *Stella di Mare* (s. Übernachten) wurde von Architektengröße Karl Litten entworfen. Jährlich gibt es hier mehrere Turniere. Die Termine finden Sie auf *www.stella dimare.com/golf. Tel. 062 3 25 03 00*

ÜBERNACHTEN

JAZZ LITTLE VENICE GOLF RESORT
Das Fünf-Sterne-Haus, ist Anlaufstelle für gut situierte Golfer, die bevorzugt auf dem nahe gelegenen Green von 'Ain Sukhna ihrer Sportleidenschaft nachgehen. Neben zwei Pools, einem Fitnessraum und einem Golfladen verfügt das Hotel über zwei Restaurants und drei Bars. *60 Zi. | Ain El-Sukhna | Port Suez Road | Strandzugang | Tel. 016 6 67 70 57 | short.travel/rot13 | €€€*

PALMERA BEACH RESORT

Besonders bei Gästen aus Kairo populär. Gut ausgestattete Zimmer, sieben Tennisplätze (vier mit Flutlicht), Pools mit Meerwasser, breites Freizeitangebot inklusive Windsurfen. *282 Zi. | Tel. 062 3 41 08 16 | www.palmerabeachresort.com | €€*

STELLA DI MARE GRAND HOTEL

Luxuriöse Ferienanlage am Strand mit guten Restaurants, Swimmingpool, Center für Thalassotherapie, Golfplatz und einem Yachthafen, von dem aus Ausfahrten zum Fischen und Schnorcheln starten. Die komfortablen Zimmer mit Sat-TV haben einen Balkon oder eine Terrasse. Außer freitags und samstags können Nicht-Gäste im „day use" *(255 £E inkl. Lunch)* den Strand nutzen. *293 Zi. | Hurghada Road | Tel. 062 3 25 01 00 | www.stelladimare.com | €€–€€€*

ZIELE IN DER UMGEBUNG

ISMAILIA ⭐ (131 A3) (*⬚ B3*)

Die 400 000 Einwohner zählende Provinzstadt verdankt ihre Existenz dem Suezkanal. Ein Teil ihrer Architektur erinnert noch an alte Kolonialzeiten, auch die Grünflächen mit ihren Alleen und den Villengärten stammen aus jener Ära. Sie brachten Ismailia den Beinamen „Garten Ägyptens" ein. Auf einem Spaziergang durch die Stadt lässt sich gut ein wenig vom wirklichen ägyptischen Alltag erleben. Die meisten Bewohner Ismailias leben in einfachen, engen Vierteln, an denen der Zahn der Zeit nagt, oder in tristen Neubaublocks. Als Tagesausflügler können Sie durch die Straßen im Zentrum bummeln, den alten Kolonialchic bewundern, die Warenauslagen der Geschäfte begutachten, von einem Kaffeehaus aus beim Tee die Menschen beobachten – und später in das *Ismailia Museum (tgl. 9–17 Uhr | Eintritt 10 £E | Sharia Salah Sa-*

lem) gehen. Das kleine Haus zeigt mehr als 4000 Exponate aus pharaonischen und griechisch-römischen Zeiten (Stelen, Statuen und Skarabäen) und informiert über frühere Bauarbeiten am Suezkanal, die den heutigen vorausgingen. Zu den empfehlenswerten Restaurants gehören das *Al-Gandool* mit frischen Fleisch- und Fischgerichten und das viel gelobte *George's* mit hervorragendem Fisch, Kebab sowie *Molokhiyya* mit Shrimps *(beide Sharia Sultan Hussein | €)*. Ein Laden in der Nähe des *Al-Gandool* verleiht Fahrräder. Wer schließlich eine Nacht in Ismailia verbringen will, kann das entweder als Low-Budget-Tourist in der sauberen, direkt am Timsah-See gelegenen Jugendherberge *YHA Ismailia (42 Zi. | Tel. 064 3 92 28 50 | www.hihostels.com | €)* tun oder aber gehobener, im Vier-Sterne-Hotel *Mercure Ismalia Forsan Island (141 Zi. | Tel. 064 3 91 63 16 | www.mercure.com | €€–€€€)*.

SUEZ (131 A4) (*⬚ C4*)

Der Ort selbst (750 000 Ew.) lohnt keinen Besuch, man kann hier aber etwas

---

⭐ Ismailia
Die Provinzstadt besitzt noch das architektonische Flair der Kolonialzeit → S. 63

⭐ Suezkanal
Erleben Sie den berühmtesten Hochseeschifffahrtskanal der Welt → S. 64

⭐ Antonius- und Pauluskloster
Kirchen, Gassen und Gärten in den beiden ältesten und größten Klöstern Ägyptens: Inmitten der malerischen Bergwelt leben und arbeiten hier auch heute noch Mönche → S. 64

MARCO POLO HIGHLIGHTS

vom Geschehen am ⭐ *Suezkanal* mitbekommen. Dazu müssen Sie sich in den Stadtteil *Port Taufiq* begeben, eine schmale Halbinsel, die sich in den Golf von Suez erstreckt und über die Straße *Sharia Al-Geish* zu erreichen ist.

An die 20 000 Hochseeschiffe passieren jährlich den Kanal. Das sind Dutzende Schiffe pro Tag, die hier gewissermaßen durch die Wüste gleiten – ein faszinierender Anblick. Mehrmals war der Kanal Schauplatz von Kriegen, während der Suezkrise 1956, des Sechstagekriegs 1967 und des Oktoberkriegs 1973. Von 1967 bis 1975 blieb er geschlossen. Nach der erneuten Öffnung reichte seine Tiefe nicht mehr für die zwischenzeitlich konstruierten Supertanker aus. Die Kanalverwaltung vertiefte die Fahrrinne, trotzdem muss das Öl von großen Tankern noch vor der Einfahrt abgepumpt und durch Rohre

zur Ausfahrt geleitet werden, wo es wieder aufgenommen wird. Die Durchfahrt auf den 162 km dauert bis zu 20 Stunden. Seit dem Ausbau 2015 ist auf der Hälfte der Strecke Gegenverkehr möglich.

Zum Essen müssen Sie die Halbinsel wieder in Richtung City verlassen. Das *Dolphin Restaurant (Tariq al-Hurriyya | €)* und das *Abu Ali (Sharia al-Geish | €)* servieren guten Fisch. Von der zentralen Haltestelle in Suez fahren halbstündlich Busse nach Kairo und Hurghada *(Upper Egypt Bus Company* und *Go Bus)* ab. *East-Delta-Busse* verkehren stündlich nach Sharm El-Sheikh und Dahab.

ZAAFARANA

(132 A2) *(M C6)* **Der kleine Ort besitzt außer einigen Cafés nichts Nennenswertes. Die Küste dieser Region gilt jedoch als einer der weltweit besten Standorte für Windenergieanlagen.**

Einen 80 km² großen Windpark gibt es bereits, er ist mit deutscher Unterstützung entstanden. Es ist nicht verwunderlich, dass Zaafarana auch ein Windsurf-Hotspot ist. Leider hat die Hotellerie das noch nicht für sich entdeckt. Die fast einzigen sehenswerten Ziele der Gegend sind das *Paulus-* und das *Antoniuskloster.* Bis auf das günstige, aber äußerst mäßige *Royal Zaafarana Beach Resort (220 Zi. | Tel. 010 5 30 31 06 und 02 34 18 67 03 | €€)* gibt es kaum Übernachtungsmöglichkeiten. Es befindet sich am Strand, bietet mehrere Pools und Lokale, einen Fitnessclub sowie ein Tauch- und Surfcenter.

ZIELE IN DER UMGEBUNG

ANTONIUS- UND PAULUSKLOSTER ⭐
(132 A3) *(M C7)*
Jeweils etwa 40 km südwestlich von Zaafarana, inmitten einer herrlichen Gebirgs-

Das Antoniuskloster ist trotz seines biblischen Alters gut in Schuss

kulisse, befinden sich zwei Wüstenklöster, die zu den ältesten der Christenheit gehören. *Deir al-Qaddis Antwan (tgl. außer an koptischen Feiertagen 4–17 Uhr, Öffnungszeiten unbedingt überprüfen unter Tel. 022 5 90 60 26 | Übernachtung (nicht für Frauen!) bei Voranmeldung möglich)*, das Kloster des heiligen Antonius, der hier als Eremit gelebt haben soll, ist das älteste und größte koptische Kloster in Ägypten. Es wurde im 4. Jh. – keine 100 Jahre nach dem Tod des Einsiedlers – gegründet und im 15. Jh. schließlich von Beduinen wieder zerstört. Sehenswert in der auch ansonsten netten Anlage mit ihren Gassen, kleinen Häuschen und Gärten ist die dreischiffige St.-Antonius-Kirche aus dem 6. Jh. In den 1990ern wurden die Gebäude unter Anleitung des American Research Centers in Egypt für 1,2 Mio. Dollar restauriert.

Das Kloster des heiligen Paulus, *Deir Anba Bula (tgl. außer an koptischen Feiertagen 6–18 Uhr, Öffnungszeiten unbedingt überprüfen unter Tel. 022 5 90 02 18 | Übernachtungsmöglichkeit auch für Gruppen und Familien, Anmeldung unter Tel. 012 20 32 45 40)*, ist zwar nur etwa 12 km Luftlinie entfernt, aber erst nach einer gut einstündigen Autofahrt von ca. 84 km zu erreichen. Der Namensgeber soll übrigens zur selben Zeit wie Antonius und ebenfalls als Einsiedler in einer Berghöhle gelebt haben, über der bereits im 4. Jh. eine Kapelle errichtet wurde, die heute Teil des Klosters ist. Wenn Sie beide Klöster besuchen möchten, bietet sich eine Tour per Taxi an, wie sie ab S. 99 ausführlich beschrieben ist. Sie können auch zu Fuß von einer Anlage zur anderen wandern. Zwischen den Klöstern existiert ein schöner ❀ Bergpfad, der jedoch einige Anstrengung kostet und den Sie nur in Begleitung eines lokalen Guides sowie mit entsprechender Ausrüstung (feste Schuhe, Sonnenschutz, Proviant) gehen dürfen. Der Marsch dauert viele Stunden. Er ist nur geübten, konditionsstarken Berggehern anzuraten, die es gewohnt sind, mehrere Kilo Proviant, vor allem literweise Wasser, mit sich zu tragen.

65

HURGHADA UND EL GOUNA

Wohl kaum jemand in Hurghada und Umgebung wird vor 40 Jahren gehofft oder befürchtet haben – je nach Blickwinkel –, dass hier in naher Zukunft das größte Ferienzentrum des gesamten Nahen Ostens entstehen würde.

Damals konnte man Hurghada noch als verschlafenes Fischerdörfchen bezeichnen, die Küsten waren weitgehend unberührt, die Korallenriffe noch intakt und eine Handvoll Enthusiasten hatte gerade damit begonnen, für abenteuerlustige Tauchsportler die ersten kleinen Hotels und Diving Center zu errichten.

Heute ist klar: Alle Erwartungen – und auch die Befürchtungen – sind übertroffen worden. An die 230 000 Hotelbetten stehen inzwischen für Urlauber und Tauchsportler aus der ganzen Welt bereit – und der Bauboom hielt zumindest bis zu Beginn der ägyptischen Revolution unvermindert an. In Hurghada, dem Zentrum des Trubels, entstehen ständig neue Hotels. Der gesamte Küstenstreifen ist bei Urlaubern aus Deutschland, Italien, Großbritannien und den Beneluxländern sowie aus Staaten der ehemaligen Sowjetunion äußerst beliebt. Letztere kommen besonders gern nach Hurghada. Und zwar in so großer Zahl, dass pfiffige Laden- und Restaurantbesitzer ihre Werbetafeln und Speisekarten bereits ins Russische übersetzt haben.

Die Betreiber der Hotels und Amüsiertempel wollen es dem touristischen Vielvölkergemisch recht machen und ermöglichen deshalb alles, was die Gäste aus Europa und Russland in Party- und

Vom kleinen Fischerdörfchen zum größten Urlaubsparadies im gesamten Nahen Osten – hier herrscht im ganzen Jahr Ferientrubel

Ferienlaune versetzt. Auf sogenannten „Fashion Shows" reiben halb nackte Frauen die Körper aneinander. In Diskotheken und Technoclubs, die manchmal eher Kontaktbörsen ähneln, wird bis spät in die Nacht getanzt und getrunken, und am darauffolgenden Vormittag liegen die Urlauberinnen oben ohne am Strand und sonnen sich. Im Rest des Landes wäre so etwas undenkbar.

Nördlich und südlich von Hurghada geht es eine Spur besinnlicher und eleganter zu. Mit El Gouna entstand 22 km Rich-

tung Norden in den letzten Jahren ein Ferienparadies, das zum Vorbild für andere Projekte an der Küste wurde. Die Planer haben strenge Richtlinien festgelegt, um ein unkontrolliertes Wachstum wie in Hurghada zu vermeiden. Das künstliche Urlaubsdorf bietet alles, was das Touristenherz begehrt. Man muss es, außer zu Ausflügen, im Grunde gar nicht mehr verlassen. Shuttlebusse fahren trotzdem nach Hurghada und zurück, sodass die Gäste beider Ferienorte problemlos auch die Freizeit- und Vergnügungsangebote

Downtown El Gouna: ein hübscher Ortskern, der zum Tagtrödeln gemacht ist

des jeweils anderen Orts nutzen können. Südlich von Hurghada, 20 bzw. 30 Auto-minuten entfernt, entstanden zwei weitere aus dem Boden gestampfte Ferienorte: Makadi Bay und Soma Bay. Wie El Gouna sind auch sie nach demselben Prinzip wie Hurghada konzipiert worden, allerdings mit anderen Mitteln; dabei wurde versucht, alle bisherigen Fehler zu vermeiden.

Von allen Orten aus können Sie Tagesausflüge zum *Antonius*- und zum *Pauluskloster* unternehmen (s. S. 99) und Abstecher nach *Luxor* (s. S. 83) oder sogar nach Kairo machen. Mit dem Schnellboot erreichen Sie von Hurghada aus auch den Sinai in zweieinhalb Stunden. Das Boot legt dienstags, donnerstags und sonntags um 8 Uhr ab und verlässt Sharm El-Sheikh an denselben Tagen wieder um 18 Uhr. Die einfache Fahrt kostet 350 £E, Hin- und Rückfahrt bekommen Sie für 630 £E. *Infos: Tel. 012 02 22 27 83 | www.lapespes.com*

EL GOUNA

(135 D1) *(ᗞ E–F10)* ★ ◉ **Eigentlich wollte Samih Sawiris, laut „Forbes Magazine" Mitglied der reichsten Familie Ägyptens, hier nur eine Villa und einen kleinen Hafen für seine Yacht bauen.**

Da ein Landesgesetz aber Projekte dieser Art an der Küste des Roten Meers untersagt, wenn sie nicht gleichzeitig dem Tourismus dienen, entstand in El Gouna innerhalb kürzester Zeit Ägyptens Vorzeigeresort, das so attraktiv ist, dass hier Musikvideos gedreht werden und Prominente vor Ort ihre Ferien verbringen. Auch einige Tausend Europäer haben bereits eine Villa oder eine Eigentumswohnung in der Region erworben.

Inzwischen haben 18 Hotels eröffnet. Sie passen sich mit ihrer nubisch inspirierten Architektur und den Pastellfarben elegant dem Lokalkolorit an oder bilden mit originellem, postmodernem Design einen gelungenen Kontrast dazu. In den letzten Jahren hat sich El Gouna zum ägyptischen Musterbeispiel für umweltfreundlichen Tourismus entwickelt. Eine eigene Recycling- sowie eine Wasseraufbereitungsanlage und strenge Mülltrennung zeigen, wie ernst es der Lagunenstadt mit dem Umweltschutz ist. Es gibt sogar einen „Green Day", an dem Einheimische und Touristen Hand in Hand arbeiten und helfen, die Strände von Müll zu befreien.

Aus diesem Grund wurde die Stadt als Pilotdestination für das Umweltschutzlabel *Green Star Hotel* ausgewählt. Die ägyptische Hotelindustrie will mit diesem Siegel, das zu nachhaltigem Umweltmanagement, Mitarbeiterschulungen zu diesem Thema und Energiesparmaßnahmen aufruft, national und international mit gutem Beispiel vorangehen.

Nicht alle Herbergen besitzen einen eigenen Strand, aber ein durch die Lagunen fahrendes Shuttleboot verbindet sie mit dem *Zeytouna Beach.* Der beliebteste Strand und eine Hochburg der Kitesurfer ist der INSIDER TIPP Mangroovy Beach an der nördlichen Spitze von El Gouna. Im Ortskern *Kafr El Gouna,* der einfach nur *Downtown* genannt wird, können Sie bummeln, einkaufen und abends in den Kaffeehäusern entspannen. Die *Abu Tig Marina* bietet romantische Hafenatmosphäre mit engen Gassen, Kopfsteinpflaster, Straßencafés, Pubs und Boutiquen. Fast ganz El Gouna ist ein Wireless-LAN-Hotspot. Informationen hierzu erhalten Sie an der Rezeption Ihres Hotels. Mehrere Kleinbuslinien fahren alle wichtigen Orte im Resort an. *www.elgouna.com*

SEHENSWERTES

AQUARIUM
Krabben, Seepferdchen und allerlei farbenprächtige Fische aus dem Roten Meer. *Tgl. 10–22 Uhr | Eintritt 35 £E | Downtown*

CULTURAMA
Die interaktive Multimediashow in Kooperation mit der Bibliotheca Alexandrina führt auf neun Riesenbildschirmen durch 5000 Jahre ägyptischer Geschichte. *Tgl. nach Anmeldung 10–22 Uhr | Eintritt 10 £E | El Gouna Library | Tel. 065 3 58 00 23*

GOUNA MUSEUM
Hier sind Repliken von pharaonischen Altertümern ausgestellt. Netter Zeitvertreib für all jene, die einen Ausflug nach Kairo oder Luxor scheuen. Für alle Touristen, die sich historische Gegenstände lieber im Original anschauen, ist das Museum

---

MARCO POLO HIGHLIGHTS

⭐ **El Gouna**
Lagunensiedlung mit romantischem Yachthafen, die auf hochwertigen Tourismus und Umweltschutz setzt → S. 68

⭐ **Mons Porphyrites**
Antiker Granitsteinbruch der Römer in schöner Gebirgslandschaft → S. 75

⭐ **Hurghada**
Das größte Urlaubsparadies des Nahen Ostens – Surfen, Tauchen, Baden in kristallklarem Wasser → S. 75

⭐ **Luxor**
Legendäre Pharaonengräber, jahrtausendealte Tempel und an der Promenade glitzert der Nil → S. 83

⭐ **Soma Bay**
Halbinsel mit Hotels, luxuriösem Spa und tollem Freizeitangebot → S. 87

eher eine Zeitverschwendung. *Tgl. 10–14 und 17–19 Uhr | Eintritt 10 £E | Downtown*

ESSEN & TRINKEN

In El Gouna werden die Gäste mit einer Restaurantauswahl und Essensqualität verwöhnt, die zu den besten im ganzen Land gehören. Ein besonderes Highlight ist das Dine-Around-Angebot, das alle voll zahlenden Urlauber in El Gouna wahrnehmen können. Die zur Auswahl stehenden Lokale befinden sich u. a. in den folgenden Hotels: *Ali Pasha, Arena Inn, Captain's Inn, Dawar El Omda, Mövenpick, Sheraton Miramar, Steigenberger, Sultan Bey, TTC Ocean View, TTC Rihana Resort and Inn* sowie *Turtle's Inn*. Die genannten ortsinternen Telefonnummern erreichen Sie von außerhalb nur über die Vermittlung. *www.elgouna.com*

ART VILLAGE

Ein orientalisches Café mit einem interessanten Beduinen-Ambiente. Bei Wasserpfeife, Kaffee, Tee und kleinen Snacks können Sie sich hier auch kunsthandwerklich betätigen. *Tgl. 10–24 Uhr | Downtown | €€*

BELLA ITALIA

Einfache, winzige Pizzeria mit kleiner Terrasse direkt am Hafen; tolle Pizzas und Nudelgerichte. *Tgl. 13–24 Uhr | Abu Tig Marina | Tel. El Gouna intern 779 12 | €–€€*

BUZZAH BEACH RESTAURANT & BAR

Der Hotspot der Kitesurfszene. Manch ein Profisportler erholt sich hier unter freiem Himmel bei hausgemachten Gnocchi oder Spinat-Riesenspätzle. *Tgl. 9–19 Uhr | am Strand | Tel. 127 412100 | €€*

LA DEAUVILLE

Exzellente französische Küche hat ein romantisch-ruhiges Plätzchen in Hafen-nähe gefunden. *Tgl. 18–24 Uhr | Abu Tig Marina | Tel. El Gouna intern 779 02 | €€€*

INSIDER TIPP ▶ LE GARAGE GOURMET BURGER

Hier gibt es Hamburger für Gourmets mit so ungewöhnlichen Zutaten wie Blauschimmelkäse, Walnüssen oder auch Weintrauben. „The Golden One" kommt mit Blattgoldbelag, Wagyu-Rindfleisch und Trüffelpaste. *Mo–Fr 7–21, Sa 8–21, So 8–20 Uhr | Abu Tig Marina | Tel. El Gouna intern 779 63 | www.legarage-elgouna.com | €–€€€*

MAMOUNIA

Feine marokkanische Spezialitäten, authentisch zubereitet, serviert in traditionellem Ambiente. *Tgl. 17–24 Uhr | Abu Tig Marina | Tel. El Gouna intern 778 55 | €€–€€€*

MOODS RESTAURANT & BEACH CLUB

Das Szenelokal am Strand besticht mit den besten Chillout- und Dancefloor-Mixen in El Gouna. *Tgl. 10–1 Uhr | am Nordende der Abu Tig Marina | Tel. El Gouna intern 755 12 | €€*

SAIGON ●

Authentische vietnamesische Küche der Extraklasse, die das Lokal zu einem der beliebtesten im Ort macht. *Tgl. 11–23 Uhr | Abu Tig Marina | Tel. El Gouna intern 778 54 | €€*

EL TAYEBEEN

Einfaches ägyptisches Kaffeehaus mit landestypischen und auch internationalen Speisen; kostenloser WLAN-Zugang. *Tgl. 9–3 Uhr | Downtown | €*

WIENER CAFÉ SERVUS

Den INSIDER TIPP ▶ besten Kaffee im Ort bekommen Sie bei der Österreicherin

Brigitte, die auch hausgemachte Eiscreme und Schmankerln serviert. *Tgl. 7.30–24 Uhr | Downtown | €–€€*

EINKAUFEN

BASAR

Im kleinen Basarviertel in Downtown können Sie an verschiedenen Ständen Schmuck, Kunsthandwerk, Parfüm und Souvenirs kaufen. Die Händler sind an-

Tauchtouren für Anfänger und Fortgeschrittene an. Außerdem können Sie in El Gouna u. a. Wasserski fahren und Tennis, Squash, Golf oder Minigolf spielen.

BAUCHTANZEN ●

Regelmäßig gibt die renommierte ägyptische Tanzlehrerin Keti Sharif professionelle Bauchtanzkurse. Zudem tritt sie auf dem jährlich stattfindenden Sphinx Festival *(www.sphinxfestival.com)*, einem

Die Restaurants in El Gouna zählen zu den besseren des Landes

gewiesen, die Kunden nicht mit übertriebener Anmache zu nerven. Exklusive Modegeschäfte gibt es an der *Abu Tig Marina*. INSIDER TIPP *Egyptian Handicraft (Downtown | neben dem Museum)* verkauft Kunsthandwerk. Der Erlös geht an wohltätige Zwecke.

FREIZEIT & SPORT

Allein vier hervorragende Diving Center bieten Kurse sowie Schnorchel- und

bunten viertägigen Tanz- und Musikevent auf. *www.ketisharif.com*

KITESURFEN

El Gouna hat sich weltweit einen Namen als Kitesurfrevier gemacht. Aufgrund des konstanten Winds und anderer optimaler Bedingungen trainieren hier auch immer wieder die Stars der Szene. Mit eine der besten Adressen ist INSIDER TIPP *Kitesurf Adventure*, wo Sie Leihmaterial und als Kiteanfänger auch professionelle Anleitung bekommen. Eine Privatstunde kostet 75 Euro, Kurse gibt es ab 315 Euro, ebenso 🟢 kostenlose Schnupperstunden. *Tel. 012 24 72 59 72 | www.kitesurf-adventure.de*

KREUZFAHRTEN & ANGELSAFARIS

Sportfischer, aber auch Gelegenheitsangler, die mit Freunden oder der Familie einen Tag auf dem bzw. im Meer verbringen möchten, können Tagestouren buchen. Die Trips *(ab 55 Euro/Person)* gehen zu Inseln oder Ufern, deren Strände auch zum Baden einladen. Die Angelausrüstung wird gestellt, der fangfrische Fisch noch an Bord zubereitet. *Pro Tours (012 28 87 49 97 | www.protours egypt.com, dort unter „Day Trips").*

INSIDER TIPP ▶ LAX GYM & LOUNGE

Hier erwartet Sie ein umfassendes Fitness- und Wellnesskonzept. Im eleganten Studio trainiert der italienische Ex-Boxer Alberto Pezzini Männer und Frauen u. a. in Pilates. Im Spa-Angebot sind erstklassige Lomi-Lomi-, Wellness- und Ayurveda-Massagen. *Abu Tig Marina Nord | Tel. 012 75 12 12 22 | www.facebook. com/Laxgouna*

LUFT-SIGHTSEEING

So nennt sich das, wenn Sie in einem Tandem-Motorsegler von *Sharm Air* über El Gouna und das Rote Meer fliegen – ein luftiger Spaß. *Ab 90 Euro | Tel. 012 77 72 59 25 | www.sharmair.com*

SEGELN

Mit dem Katamaran hinaus aufs Meer: Auf der *Ocean Diva (ab 50 Euro/Person | Tel. 010 00 10 29 53 | www.ocean diva-catamaran.com)* segeln Sie hart am Wind, können weit draußen schwimmen gehen, schnorcheln und Delphine beobachten. Wollen Sie nicht nur Gast an Bord sein, sondern selbst segeln lernen, dann auf zu *Sail la Vie (Kurse ab 350 Euro | Tel. 010 14 10 19 15 | www. facebook.com/saillavieelgouna)* vor dem Sheraton Hotel.

Drachenhochburg: El Gouna ist weltweit als Kitesurfparadies bekannt

SCHNORCHELAUSFLÜGE

Die *Easy Divers Academy (Hotel Three Corners Rihana | Tel. 012 22 34 91 14 | www.easydivers-academy.com)* veranstaltet Touren auf Luxusbooten in Begleitung ausgebildeter Guides zu zwei einzigartigen Schnorchelrevieren. Im Preis von 40 Euro pro Person inbegriffen sind: Ausrüstung (Maske, Schnorchel, Flossen und Neoprenanzug), Lunch mit warmen und kalten Speisen sowie der Hoteltransfer.

SQUASH OPEN

Ägypten ist eine Squashnation. Die weltbesten Spieler kommen alljährlich im April zu den *El Gouna International Squash Open* in die Lagunenstadt. Squashplätze für Ihr persönliches Turnier finden Sie im *Club Med* sowie im *Mövenpick.*

STRÄNDE

BUZZAH BEACH

Buzzah ist der nördliche Teil des Mangroovy Beach. Hier hat man das Gefühl, von allem losgelöst zu sein. Ein perfekter Ort für frisch verliebte Pärchen und Ruhesuchende.

MANGROOVY BEACH

Der Kitesurfspot schlechthin in Ägypten. Der Mangroovy Beach befindet sich nördlich der Abu Tig Marina. Wer sich von der Sonne verwöhnen lassen will, während er den Blick auf einen bunt mit Kites gemusterten Himmel genießt, ist hier genau richtig. Beim Windsurfen, Schnorcheln, Beachvolleyball oder Strandfußball können Sie auch selbst aktiv werden.

ZEYTOUNA BEACH

Der Strand liegt auf einer Insel, die auf der einen Seite vom Meer, auf der anderen von Lagunen umgeben ist. Über einen Steg von ca. 400 m Länge gelangen Sie ins tiefere Wasser und zu einem Ko-rallenriff, das sich super zum Schnorcheln eignet. Sie erreichen den Strand mit dem Shuttleboot von Downtown oder vom Sultan Bey Hotel aus, alternativ über die Brücke vom Sheraton Miramar. Einige Hotels ohne Meerzugang *(Panorama Bungalows, Arena Inn* und *Sultan Bey)* haben ihre Privatstrände hier.

AM ABEND

Fast jeden Freitag um 20 Uhr beginnt ein Hafenfest in der *Abu Tig Marina* mit Livebands, Speisen und Getränken. Samstagabends findet in den Gassen von *Kafr El Gouna,* also in Downtown, das sogenannte *Cool-Down*-Straßenfest statt. Regelmäßig veranstaltet der *Mangroovy Beach* Strandpartys mit Technomusik auf dem Dancefloor, Barbecue und Lagerfeuer. Den Abend beginnen können Sie, wenn Sie dort einen Platz finden, in der grellen *Barten (ab 21 Uhr | Abu Tig Marina)*. Sie ist angeblich die kleinste Bar Ägyptens.

EL BALAD CINEMA ●

Jeden Donnerstag und Sonntag um 20.30 (Winter 19.30) Uhr zeigt dieses Open-Air-Kino in Downtown bei freiem Eintritt internationale Blockbuster. Das Programm wechselt wöchentlich. Infos, was gerade läuft, erhalten Sie an der Rezeption Ihres Hotels.

INSIDER TIPP ▶ CEVICHE BAR

Das In-Lokal. Geboten wird mexikanische und amerikanische Küche. Billardtische warten und 10 000 Musiktitel zur Auswahl. *Tgl. 12–24 Uhr | Downtown | www. facebook.com/spaiseyfood | €€–€€€*

THE CLUB HOUSE

Das kleine Strandlokal mit Pool ist ein beliebter Treff, um mit einem Drink in den Abend zu starten. Gutes Essen (€€)

gibt es auch, u. a. Burger und Pizza. Man organisiert außerdem tolle Partys, Ramadan-Charitys und Beachvolleyball-turniere. *Tgl. 12–1 Uhr | Downtown | Tel. 012 21 61 71 13 | www.facebook.com/Club house.elgouna*

PAPAS ISLAND

Livemusik, Partys, Drinks und Fußball-übertragungen auf dem Big Screen direkt im Hafenbecken von El Gouna. *Mo–Fr ab 16, Sa/So ab 13 Uhr | Abu Tig Marina*

LOW BUDG€T

So gut wie alle Strände gehören zu Hotels, sind bewacht und der sogenannte „day use" ist oft teuer, verbunden mit einem happigen Min-destverzehr oder Tageszimmer. Viel günstiger sind in Hurghada Strände wie *Old Vic (Village Road)*, oder *Riva (Sheraton Road)*. Es gibt WCs und man zahlt umgerechnet nur ein paar Euro.

Hotels haben quasi das Monopol auf den Alkoholverkauf, entsprechend teuer ist er. Eine Alternative: *Drinkies* ist eine landesweite Kette von Läden für alles, was Alkohol enthält. In El Gouna am Tamr Hena Square.

Discos und Bars in Hurghada locken Gäste vor Mitternacht mit Discounts, Happy Hours oder damit, dass weiblichen Gästen in männlicher Begleitung alle Drinks gratis serviert werden („Ladies Nights"), z. B. diens-tags und freitags im Hard Rock Café. Achten Sie auf die Anzeigen in den kostenlosen Magazinen, die überall ausliegen!

INSIDER TIPP ▶ PIER 88

Schwimmende In-Bar im Hafen, die an warmen Sommerabenden fast immer voll ist. *Tgl. 18–2 Uhr | Abu Tig Marina, gegenüber dem Captain's Inn Hotel*

ÜBERNACHTEN

ALI PASHA

Romantische Pension, die orientalisch anmutet, mit Swimmingpool und indi-schem Restaurant. *34 Zi. | Abu Tig Marina | Tel. 065 3 58 00 88 | short.travel/ rot25* €€

CAPTAIN'S INN

Das günstige Hotel am Hafen ist be-sonders bei Kitesurfern beliebt. Mit TV-Geräten und Klimaanlagen, aber ohne Pool und Strand. *51 Zi. | Abu Tig Marina | Tel. 065 3 58 01 70 | www.hotels. elgouna.com/captains-inn* | €€

STEIGENBERGER GOLF RESORT 🌿

Stardesigner und Architekt Michael Graves hat hier elegant nubische und moderne Elemente miteinander kom-biniert. Starkes Engagement in Sachen grüner Tourismus. Deshalb zu Recht höchste Kategorie beim *Green Star Award*. Der 18-Loch-Golfplatz des Resorts gehört zu den schönsten im Land. Im Turm des Clubhauses gibt es auch ein nobles französisches Spezialitätenrestau-rant. *208 Zi. | Tel. 065 3 58 01 42 und Tel. 3 58 01 49 | www.el-gouna.steigenberger. de* | €€€

TURTLE'S INN

Die intensiven Farben überall im Haus sind ein Fest für die Sinne. Das quietsch-bunte kleine Boutiquehotel mit Dachter-rassenkaffeehaus und Tauchschule befin-det sich direkt am Hafen. *29 Zi. | Abu Tig Marina | Tel. 065 3 58 01 71 | www.hotels. elgouna.com/turtles-inn* | €€

Info Center | Downtown | Tel. 065 3 58 05 21 | www.elgouna.com

ZIELE IN DER UMGEBUNG

BEDUINENOASE (135 D1) (*m F11*)

Unweit von El Gouna empfängt der Beduine Hagg Ahmed Sheikh in seiner kleinen Oase gern Besucher und bewirtet sie mit Wasserpfeife, Tee und Mokka. Die Oase ist ein idyllischer Palmengarten mit Zitronenbäumen und Gemüsebeeten, einem Brunnen und Zelten. Mittwochabends findet eine *Oasis Night* mit orientalischem Dinner statt. Nähere Auskünfte bekommen Sie im Info Center.

MONS PORPHYRITES ⭐ 🌿
(134 C2) (*m E11*)

Der 1660 m hohe Berg heißt heute *Gebel Abu Dukhan,* der rauchende Berg. Bei der rund 60 km langen Tour dorthin ist der Weg bereits das Ziel, denn er führt durch die majestätische Gebirgswelt im Landesinnern, die Sie sich nicht entgehen lassen sollten! Das eigentliche Ziel der Tour ist ein antiker Steinbruch, dessen rötlich gemusterten Granit die Römer bis vor etwa 1600 Jahren abbauen ließen. Damals stand hier eine ausgedehnte Siedlung für mehrere Tausend Menschen.

HURGHADA

🔲 **KARTE IM HINTEREN UMSCHLAG**
(135 D2) (*m F11*) ⭐ **Auf einer Länge von über 30 km reiht sich in dem Ort, der auf Arabisch *Al-Ghardaqa* heißt, ein Hotel an das andere.**
Der gesamte Küstenstreifen ist heute weitgehend zugebaut mit Clubanlagen, die fast alle nach demselben Schema errichtet wurden: Pool und Garten in der

Mitte, umgeben von einem Ring von Apartmenthäusern, der zum Strand hin offen ist. Das Freizeitangebot in Hurghada allerdings ist einmalig. Mehr als 100 Tauchcenter warten auf Schnorchel- und Tauchfans aus aller Welt. Man kann Jet-

Freitags in Hurghadas
Abd-el-Menaim-Rhiad-Moschee

ski fahren oder in einem der zahlreichen Surfcenter Kurse im Windsurfen belegen und dort auch die entsprechende Ausrüstung ausleihen. Sie können schnorcheln, hochseefischen, Touren zu einsamen Inseln oder entfernteren Korallenriffen unternehmen oder einfach den Tag faul am Pool oder am Strand verbringen. Ein- oder besser mehrtägige Ausflüge nach

Luxor und Kairo werden angeboten und nur zwei Stunden dauert die Überfahrt mit der *Fähre (Tel. 012 02 22 27 83 | www. lapespes.com)* nach Sharm El-Sheikh an der Südspitze des Sinai. Busse, Taxis und Privatwagen unterwegs ins Niltal fuhren

AQUARIUM

Beschriftete Glasbecken mit Fischen aus dem Roten Meer. Lieblos präsentiert, aber durchaus interessant vor dem ers-

Da geht Ihnen ein Licht auf: Allerlei Wunderlampen baumeln auf dem Basar in Al-Dahar

zuletzt nur mehr in Ausnahmefällen aus Sicherheitsgründen zwischen Safaga und Luxor im Konvoi unter Polizeibegleitung.

Im Stadtzentrum *Al-Dahar,* ganz im Norden von Hurghada, finden Sie den Basar, die billigsten Hotels sowie das Postamt und die Telefonzentrale. Südlich davon, hinter dem Berg *Gebel Al-Afish,* schließt sich der Ortsteil *Siqala* an, der oft Sigala ausgesprochen wird. Ihm folgt an der Straße Richtung Safaga der lange Küstenstreifen, an dem sich die meisten der teuren Hotelanlagen befinden. Weitläufig ist der *Hurghada Marina Boulevard (www.hurghadamarinaredsea.com)* mit schicken Läden, Restaurants, Cafés, Clubs und Bars.

ten Tauchgang. *Tgl. 9–22 Uhr | Eintritt 10 £E | Sharia Corniche | nördl. des Three Corners Empire Beach Resorts*

MUSEUM OF MARINE BIOLOGY

Hier bekommen Sie einen schnellen Überblick über die Flora und Fauna des Roten Meers, einschließlich der Korallenlandschaft. *Tgl. 8–17 Uhr | Eintritt 10 £E | 5 km nördl. der Stadt*

INSIDER TIPP ▶ AL HALAKA

Gegenüber dem Fischmarkt serviert man Muscheln, Meeresfrüchte und Fisch, den Sie an der Fischtheke selbst aussuchen, vom Allerfeinsten. *Tgl. 12–24 Uhr | Sakka-*

la Square | Tel. 065 3 44 26 49 und 120 5 63 26 50 | €€

AL-ZA'EEM

Das einfache Straßenlokal ist eine im ganzen Ort bekannte Institution für *Fuul, Tamiyya* und andere Volksspeisen. *Tgl. 0–24 Uhr | Midan Al-Dahar | €*

BORDIEHN'S RESTAURANT ● 🌿

Vielen Stammgästen ist das Restaurant noch unter dem Namen Villa Kunterbunt bekannt. Neuer Name, derselbe Charme und zum Glück dieselbe hohe Qualität. Thomas Bordiehn begeistert mit eigenwilligen kulinarischen Kreuzungen wie in *Taamiyya*-Teig gebackenem Hähnchen. Die Zutaten stammen aus biologischem Anbau. *Tgl. 10–24 Uhr | Arabia Azur Resort | Siqala | Tel. 010 01 23 23 54 | www. bordiehn.com | €€–€€€*

DA NANNI

Wenn Ortsansässige eine großartige Pizza essen wollen, gehen sie hierhin. Es gibt ebenfalls tolle Pasta- und Fleischgerichte. *Tgl. 12–23 Uhr | Hadaba Road | Siqala | Tel. 065 3 40 40 54 | €–€€*

EL JOKER

Billiges Fischrestaurant, das bei den Ägyptern des Orts als das beste in ganz Hurghada gilt. Hier wird allerdings kein Alkohol ausgeschenkt. *Tgl. 12–24 Uhr | Midan Al-Siqala | Tel. 065 3 44 31 16 | €*

MA'SA'LA

Indische Küche, traditionell zubereitet, kredenzt in modernem Ambiente direkt an der Promenade der Hurghada Marina. Auf der Karte: *Tandoori*-Gerichte, frisch gebackenes *Naan*-Brot und diverse Currys zu fairen Preisen. Lieferung für 10 £E Aufschlag. *Tgl. 12–23 Uhr | Hurghada Marina | Block B | Tel. 012 1 21 20 25 | €€*

OBEROI SAHL HASHEESH RESTAURANT

Eigentlich kommen nur Hotelgäste in den Genuss der ausgewählten asiatischen und internationalen Speisen. Frisch gebackenes Brot und raffinierte Desserts komplettieren ein außergewöhnliches Dinnererlebnis mit live gespielter Oud-Musik. Wer als Nicht-Hotelgast hier essen möchte, muss unbedingt vorher telefonisch reservieren. *Tgl. 7–23 Uhr | 117 Sahl Hasheesh | Tel. 011 23 89 06 06 | short. travel/rot8 | €€€*

POLO NORD

Hat fantastische Eiskreationen direkt am Boulevard der neuen Hurghada Marina und loungeartige Sitzgelegenheiten mit Blick aufs Wasser. Shakes und Smoothies gibt's auch, für Kinder eine Spielecke. *Tgl. 9–22 Uhr | Hurghada Marina | €*

RISTORANTE TUSCANY

Das italienische Restaurant ist wegen des gut sortierten Weinangebots beliebt bei in Hurghada lebenden Ausländern. *Tgl. 19–24 Uhr | Marriott Beach Resort | Siqala | Tel. 065 3 44 44 20 | €€€*

STARFISH

Beliebtes Restaurant, das fangfrischen Fisch in allen erdenklichen Variationen zubereitet. Besonders lecker: *Buri Sengari,* mit Gemüse und Gewürzen aufgeklappt im Holzofengrill zubereitet. *Tgl. 12.30–0.30 Uhr | Sheraton Road Siqala | Tel. 065 3 44 37 51 | €€*

WHITE ELEPHANT

Wenn der Gaumen nach Abwechslung verlangt, gibt es hier sehr gutes Thai Food, für Fans auch in wirklich scharf. Alternativ können Sie Sushi und Sashimi bestellen. Man sitzt klimatisiert oder auf der Terrasse. *Tgl. 12–1 Uhr | Hurghada Marina | Tel. 010 01 02 51 17 | €€–€€€*

Wasserwunderwelt Rotes Meer – Treffen mit einer Schule Langflossen-Fledermausfische

EINKAUFEN

SAHARA GALLERY

Hier gibt es eine große Vielfalt farbecht bedruckter Stoffe sowie Bettwäsche der Marke „Comfort Bed Linen". Zur Auswahl stehen mehr als tausend verschiedene Designs, von schlicht über traditionell bis hin zu modern, aber alle Stoffe bestehen aus reiner ägyptischer Baumwolle. Ideal für Sofas, Kissen und Bettdecken. *5 El Nasr Road | www.sahara-gallery.com*

FREIZEIT & SPORT

Den Strand von Hurghada haben fast auf der gesamten Länge Hotels in Beschlag genommen. Gäste von Billighotels ohne eigenen Abschnitt gehen an den *Dreams Beach (tgl. ab 8 Uhr | Eintritt 40 £E | nahe Marriott)*, wo es Sonnenschirme, Toiletten und einen Kiosk gibt. Fast überall können Sie Strandbuggy- und Quad-Ausflüge, Reittouren sowie Kamelsafaris buchen, oft inklusive Barbecue und/oder eines Besuchs bei Beduinen. Zudem kann man sich die Zeit mit Wasser- und Jetski fahren, Parasailing, Kitesurfen oder

Hochseefischen vertreiben. Und laute Musik gibt's oft gratis dazu. Am kostenlosen ● *Public Beach von Sigala* sind Frauen in Bikini schnell von Einheimischen umringt; besser Badeanzug tragen.

JAMES & MAC DIVING CENTER

Eine der ältesten (deutschsprachigen) Tauchschulen Hurghadas ist auch eine der besten. Hier wird 🌀 umweltbewusst ausgebildet und getaucht. Für Teilnehmer aus anderen Hotels gibt es einen Abholservice. *Tauchkurs (5 Tage Open Water Diver) ab 415 Euro | Giftun Azur Resort | Tel. 0122 3 11 89 23 | www.james-mac.com*

PHARAONIC GO-KART CLUB

Eine weitläufige Gokartbahn in der Nähe des Magawish Villages. *Tgl. 11–23 Uhr | Safaga Road | Tel. 012 22 17 74 18*

RED SEA DOLPHIN

Sie gehören nicht zu den Tauchern? Dann begeben Sie sich unter Wasser, ohne nass zu werden. Die Glasbodenboote laufen zweimal am Tag aus und bieten Ihnen vom Unterdeck aus Panoramablicke in die faszinierende Unterwasserwelt. *Ab*

15 Euro inkl. Transfer vom/zum Hotel | Tel. 065 3 44 41 46 und 3 44 45 91

SEA HORSE RIDING CLUB

Sauberer Reitstall, der neben Pferdetouren auch Kamelritte anbietet. Je nach Können führen Sie die Ausflüge in die Wüste oder am Strand entlang. *Tgl. 8–18 Uhr | Sahl Haseesh | Tel. 010 6 10 31 69*

SHARM AIR

Mit Sharm Air können Sie Rundflüge im Kleinflugzeug unternehmen und Drachenfliegerkurse machen. *Tel. 012 77 72 59 25 | www.sharmair.com*

SINDBAD SUBMARINE

Zwei finnische Mark-III-U-Boote (laut Hotel vom TÜV Nord zertifiziert) befördern jeweils 44 Passagiere in 25 m Tiefe. Sie bleiben draußen im Meer (20 Min. Anfahrt) 55 Minuten lang unter Wasser. Ein schönes, wenn auch teures Unterwassererlebnis. *Stündlich zwischen 10 und 14 Uhr ab Sindbad Aqua Park Resort | 30 Euro inkl. Transfer vom/zum Hotel | Tel. 065 3 40 42 27 oder an der Hotelrezeption*

AM ABEND

ALF LEILA WA LEILA

Folklorespektakel mit Pharaonen, Beduinen, Sufi-Tänzern, arabischen Rittern auf Pferden und natürlich Bauchtanz – alles in einer Open-Air-Arena für 2500 Zuschauer. *Buchung in Ihrem Hotel, ab 30 Euro | im Süden von Hurghada*

CARIBBEAN BAR

Direkt am Meer isst man in der coolen Strandbar Gegrilltes, trinkt gute Cocktails, raucht Shisha. Mit der Dunkelheit beginnt die Party, getanzt und gefeiert wird bis tief in die Nacht. *Tgl. 7–24 Uhr |*

WUNDER UNTER WASSER

Schätzungsweise 1500 km Riff besitzt der ägyptische Teil des Roten Meers, mindestens 1000 Fisch- und 250 Korallenarten leben hier: ein eindrucksvolles Biotop – und ein bedrohtes, denn alle Arten hängen in einem Nahrungskreislauf voneinander ab.

Wer einer Gattung schadet, schadet allen Arten. Experten schätzen, dass bereits über zwei Drittel der Korallenriffe vor Hurghada geschädigt sind, vor allem durch Taucher und Schnorchler, die Korallen plündern und als Souvenirs mitnehmen. Sogar die fernen Riffe z. B. vor Sharm El-Sheikh sind bedroht, weil Boote ihre Anker festmachen, Taucher und Schnorchler darauf herumtrampeln. Als Taucher können Sie dagegen etwas tun:

Klären Sie vor der Buchung mit dem Anbieter ab, ob bei Tauchgängen z. B. nur an Bojen festgemacht wird, und sagen Sie es der Crew oder dem Tauchguide, wenn Sie Korallenräuber beobachten. Von Hurghada aus in 60 bis 90 Minuten erreichbar sind das Riff *Shaab Umm Qamar* mit einer fischreichen Grotte sowie das farbenprächtige *Careless Reef.* Vor der Küste Safagas sind die Riffe um die Tubiya-Insel populär und 15 km südlich von Marsa Alam das *Dolphin House,* wo man manchmal Dutzende Delphine beobachten kann. Enthusiasten fahren mehrere Stunden zu Riffen weiter südlich des Orts. Etwas näher am Ufer liegt das nahezu legendäre *Elphinstone Reef,* Begegnungen mit Haien sind hier fast garantiert.

Bella Vista Hotel | Sheraton Road | Siqala | Tel. 011 10 49 74 36 | www.facebook.com/ CaribbeanBar | €€–€€€

ELEMENTS CLUB & LOUNGE

Etwas schickeres Publikum, Musik aus den internationalen Charts – ein guter Club zum Tanzen. *Tgl. 18–2 Uhr | Steigenberger Al Dau Beach Hotel | www.steigenberger aldaubeach.com/elements*

HARD ROCK CAFÉ

Filiale der großen internationalen Kette mit der üblichen Texmex-Küche, aber ei-ner netten Poolbar. Oft Discoevents und Auftritte von Livebands. *Tgl. 12–3 Uhr | Tariq al-Kora | Nawarra Center | Tel. 065 3 46 51 70 | www.hardrock.com/cafes/hur ghada | €€–€€€*

EL KHAN

Disco mit originellem Kerkerambiente. *Tgl. 22–4 Uhr | Arabella Azur Hotel | Siqa-la | www.azur.travel*

INSIDER TIPP ▶ LITTLE BUDDHA

Hurghadas elegantester Dancefloor hat einen eigenen Tempel. Das Lokal schließt um Mitternacht; Sushi-Bar und Disco haben bis vier Uhr morgens geöffnet. *Village Road | im Sindbad Resort | www. littlebuddha-hurghada.com | €€–€€€*

NAGUIB MAHFOUZ CAFÉ

Ägyptens Literaturnobelpreisträger gewid-met, ist das Café und Restaurant ein be-liebter Treff für Familien. *Tgl. 12–1 Uhr | Ma-rina Boulevard | Tel. 012 22 28 78 25 | €€*

PAPAS BAR

Die Hurghada-Legende an einem neuen und schöneren Ort, aber mit demselben Konzept: Hier bekommen Sie Bier, Burger und dreimal pro Woche Livemusik gebo-ten. *Tgl. ab 12 Uhr | Marina Boulevard | Al-Siqala | €€*

PAPA'S BEACH CLUB ●

In der einzigen Beachlounge des gleich-namigen britischen Plattenlabels kön-nen Sie tagsüber am Strand entspannen, abends fein essen gehen und schließ-lich bis zum Morgengrauen tanzen. *Tgl. 10–4 Uhr | Marina Boulevard | Al-Siqala | Eintritt 70 bis 130 £E inkl. Handtuch und einem Drink | 010 05 04 93 46 | www. facebook.com/Papas.Beach.Club*

PEANUTS BAR

Pub und Restaurant mit großartigen Speisen. Gespielt wird vorwiegend Pop-musik der 1970er/80er-Jahre. Zweimal im Monat Livemusik, mittwochs Karao-ke, sonst Disco. *Tgl. 12–2, Küche bis 22 Uhr | Sharia Dr. Sayyed Al-Qorayem | neben dem Three Corners Empire Hotel | Al-Dahar | Tel. 065 3 54 92 00 | €€*

RETRO PUB

Relaxter geht's kaum. Zu Drinks und Sandwiches gibt es sonntags oft Live-musik. Die Pizzen sind gut und günstig. *Tgl. 12–3 Uhr | Sheraton Road | Siqala | Tel 010 05 12 66 67 | www.facebook.com/ retropubhrg | €€*

SOUTH BEACH BAR

Die hippe und hübsche Strandbar mit Restaurant *(€€)* ist tagsüber schon gut besucht. Es gibt Drinks und Snacks, brauchbare Cockails. Abends ist Party angesagt. Wem's zu heiß wird, der geht in die Ice Bar, dort liegen die Tempera-turen stets unter 0 Grad. *Tgl. 10–3 Uhr | 138 Sheraton Road*

ÜBERNACHTEN

CITADEL AZUR RESORT

Etwa 15 km vom Stadtzentrum entfernt bietet das Hotel ein hochklassiges Ver-wöhnpaket an. Das architektonisch reiz-volle Haupthaus ist einer mittelalterlichen

Urlaubsdomizil mit Platz zum Freischwimmen: The Grand Resort

islamischen Zitadelle nachempfunden und von einem kleinen Yachthafen, mehreren Restaurants, einer Eisdiele und dem Café Mozart sowie einem ca. 1 km langen Privatstrand umgeben. *541 Zi. | Sahl Hasheesh | Tel. 065 36 05 00 | www.azur egypt.org | €€–€€€*

DANA BEACH RESORT

Riesenpool, großzügiger Strand, Restaurants, Bars, Cafés – hier wohnen Sie in einer kleinen luxuriösen Stadt, die man eigentlich bis zum Abflug gar nicht mehr verlassen muss. Mit Tretboot und Shuttle bewegt man sich auf den Kanälen. *841 Zi. | Sahl Hasheesh Road | Tel. 065 3 46 04 01 | www.pickalbatros.com | €€€*

THE GRAND RESORT

An Farben und Dekor reiche orientalisch-maurische Architektur, geräumige Zimmer, große Pools, schöner Strand – prima für Familien (Kids Club). Restaurants gibt es reichlich im Hotel und in der nahen Grand Mall. *828 Zi. | Yussuf Afifi Road | Tel. 065 3 46 31 00 | www.redseahotels.com | €€€*

INSIDER TIPP ▶ LIVING WITH ART

Die klimatisierten Gästewohnungen im Haus eines ehemaligen deutschen Honorarkonsuls wurden von der Designerin Karin Ely in faszinierende Gesamtkunstwerke mit Schlaf- und Wohnzimmer, Bad, amerikanischer Küche und Balkon verwandelt. *16 Wohnungen | Hadaba | nahe Sheraton Road | Tel. 012 2 11 83 38 | www.livingwithart.biz | €€*

MAGAWISH VILLAGE & RESORT

Weitläufige Bungalowsiedlung mit schönem, langem Strand; beliebt bei Windsurfern. *425 Zi. | Tel. 065 3 46 46 20 | www.magawish.net | €€*

INSIDER TIPP ▶ OBEROI SAHL HASHEESH

Das Hotel verfügt ausschließlich über Bungalows. Jeder ist eine kleine orientalische Traumvilla aus Tausendundeiner Nacht

Das Oberoi Sahl Hasheesh, ein orientalischer Ferientraum

mit eigenem Garten und in den Fußboden eingelassener Badewanne aus Naturstein. Die mit Abstand schönste Herberge des Orts – in ruhiger, abgeschiedener Lage, mit 800 m hoteleigenem Sandstrand (Meerzugang nur von einem Steg aus), großem Infinitypool und hervorragendem Wellnessclub. *104 Suiten | 117 Sahl Hasheesh | Tel. 065 3 44 07 77 | short.travel/rot8 | €€€*

STEIGENBERGER AL DAU BEACH HOTEL 🔴

Das Fünf-Sterne-Hotel ist die richtige Adresse, um sich nach allen Regeln der Kunst kulinarisch und physisch verwöhnen zu lassen. Es verfügt über ein hervorragendes Thalassoangebot, ein Spa und einen hauseigenen Golfplatz. Serviert wird erstklassige 🌱 Bioküche. Besonders empfehlenswert ist das im im alten Kolonialhaus beheimatete Spezialitätenrestaurant ⚜️ *Alexandre* mit Meerblick. *372 Zi. | Yussif Afifi Road | Tel. 065 3 46 54 00 | www. steigenbergeraldaubeach.com | €€€*

AUSKUNFT

TOURIST INFORMATION

Tourist Boulevard Siqala | nördl. vom Grand Hotel | Tel. 065 3 44 44 20 und 010 0 19 19 89

ZIELE IN DER UMGEBUNG

BIG GIFTUN ISLAND 🟠

(135 D2) (*🗺 F10–11*)

Sie ist die zweitgrößte jener 22 Inseln im Roten Meer, die unter Naturschutz stehen. 2004 sollte sie an den italienischen Immobilienmagnaten Ernesto Preatoni verkauft werden, der 2 Mrd. Dollar in den touristischen Ausbau investieren wollte. Heftiger Protest von ägyptischen und internationalen Umweltaktivisten verhinderte dies jedoch. Der *Mahmya-Strandclub (tgl. bis Sonnenuntergang | ab 30 Euro inkl. Lunch und Bootsüberfahrt ab Sheraton Marina gegen 8.30 Uhr | www.mahmya.com)* auf der Insel soll angeblich alle Umweltschutzrichtlinien einhalten und eine Art Ökocamp sein, mit Liegestühlen, Restaurant und konsequentem Abfallmanagement. Der Strand eignet sich hier eher weniger zum Schnorcheln, etliche Yachten fahren zu besseren Stellen. So z. B. die *Paradise (Abfahrt gegen 9 Uhr ab Mashrabia Resort | Tagestour ab 110 £E inkl. Lunch, zwei Softdrinks, Handtüchern, Schnorchelausrüstung | Tel. 010 145 83 84)*, deren Tour zur kleinen Giftun-Insel führt und erst am Nachmittag weiter zur großen.

LUXOR ⭐ (134 A–B6) (𝄞 C–D14)

An der Nil-Corniche ziehen im Trab Pferde Touristenkutschen über den Asphalt. Über dem Tal der Könige geht die Sonne unter – das rund 280 km (3–4 Autostunden) von Hurghada entfernte Luxor (350 000 Ew.) ist der kulturelle Höhepunkt Ägyptens. Bis zum Beginn des Mittleren Reichs war Waset, wie es damals hieß, nur ein Lehmhüttendorf. Mit der Vereinigung Ober- und Unterägyptens durch Pharao Mentuhotep II. (ca. 2060–2010 v. Chr.) begann der kometenhafte Aufstieg zur Hauptstadt des Reichs. Zu ihrem Aufblühen trug

auch der zum Reichsgott erhobene Lokalgott Amun bei: Ihm zu Ehren baute man Tempel, Kapellen und Säulenhallen, die heute das Kapital der vom Tourismus lebenden Stadt sind. Um alle Sehenswürdigkeiten beiderseits des Nils zu besichtigen, brauchen Sie drei Tage. Von den Badeorten am Roten Meer aus ist Luxor ein beliebtes Ausflugsziel. Einen Vorschlag für einen ausgiebige Erkundungstour durch die Stadt finden Sie auf S. 102.

Am Ostufer von Luxor (Theben-Ost) steht die *Karnak-Tempelanlage (tgl. 6–18, im Winter bis 17 Uhr | Eintritt 50 £E | tgl. um 19, 20 und 21 Uhr Sound- & Light-Show, teils auch auf Deutsch, Infos dazu unter short.travel/rot15 | Karnak)*. Die Bauarbeiten auf diesem Areal begannen während der 12. Dynastie mit dem Reichstempel des widderköpfigen Weltenschöpfers Amun. Von da an fügte jeder Pharao dem Werk seines Vorgängers ein weiteres hinzu. Im Lauf von zwei Jahrtausenden entstand so ein gigantischer Gottesbezirk mit Tempeln, Toranlagen, Kolonnaden und Heiligem See.
Der *Luxor-Tempel (tgl. 6–22, im Winter bis 21 Uhr | Eintritt 60 £E | Corniche)* im Stadt-

BEDUINEN UND ÄGYPTER

Viele Ägypter aus dem Niltal und dem Nildelta schätzen die Beduinen als faul, unpünktlich und unzuverlässig ein. Die Beduinen hingegen glauben, die Ägypter wollten ihnen das Land ihrer Väter rauben und damit Geld machen. Zwischen beiden Gruppen wird fein säuberlich unterschieden – auf beiden Seiten. Ägypter kommen vorwiegend als Angestellte oder Unternehmer an die Rotmeerküsten, ihre Kinder und Ehegatten lassen sie daheim im Niltal. Sie sind im Grunde Gastarbeiter im eigenen Land. Oder Beamte, die den Beduinen Amtspapiere für alles Mögliche aufzwingen wollen – für das Land, auf dem ihre Väter jahrhundertelang Nomaden waren, für Ehen und Geburten. Nur selten begegnen sie den Beduinen mit Respekt, etwa wenn ihr Wissen über den Landstrich zum Schutz der Natur gefragt ist.

zentrum ist der Götterfamilie Amuns geweiht. Er strotzte vor dekorierten Wänden, Säulen und Götterbildern. Ein Prachtboulevard mit Gärten und Statuen – heute eine abends illuminierte *Sphingenallee* – führte von hier aus zur knapp 3 km nördlich gelegenen Karnak-Tempelanlage.

Das *Luxor-Museum (tgl. 9–16 und 17–22 Uhr | Eintritt 100 £E | Corniche)*, eines der schönsten Museen Ägyptens, zeigt beeindruckende pharaonische Statuen, Porträts und Obelisken sowie Funde aus einer 1989 entdeckten Cachette, darunter u. a. Figuren von Amenophis III.

Im *Mumien-Museum (tgl. 9–13 und 16–21 Uhr | Eintritt 60 £E | Corniche)* wiederum begegnen Sie, wie der Name schon verrät, Mumien von Tieren, die wie Götter verehrt wurden. Zu sehen sind z. B. ein Sobek-Krokodil und eine Bastet-Katze, Gott der Wiedergeburt.

In Theben-West erwartet Sie die große *Nekropole (tgl. 6–17, im Winter bis 16 Uhr | Tickethäuschen hinter den Memnonskolossen)*, das Reich der Toten. Es erstreckt sich am gesamten Westufer des Nils. Hier wähnten sich die Pharaonen für ihre Reise ins Jenseits sicher vor Grabräubern – was für ein Irrtum! Besonders ins Auge fallen die jeweils 800 t schweren *Memnonskolosse* – knapp 19' m große Sitzfiguren König Amenophis' III., die einzigen Überbleibsel seines Tempels. In der Antike gaben die Kolosse mysteriöse Klagelaute von sich, vermutlich verursacht von Spalten, die durch Feuchtigkeit und Hitze zu „singen" begannen.

65 Pharaonengräber wurden im *Tal der Könige (Eintritt 3 Gräber 70 £E, Tut-ench-Amun-Grab 80 £E)* bisher lokalisiert. Weltweit machte das Tal erstmals 1922 Schlagzeilen, als Howard Carter *Tut-ench-Amuns Grab* entdeckte. Die Beigaben und Särge aus Gold dieses unbedeutenden, jung verstorbenen Herrschers lassen erahnen, was Räuber wohl aus Gräbern wirklich

großer Pharaonen plünderten. 2015/16 untersuchte man, ob sich hinter dem Grab Tut-ench-Amuns ein weiteres, womöglich das seiner Stiefmutter Nofretete, befindet. Das Ergebnis? Bis dato noch offen.

Im *Tal der Königinnen (Eintritt 25 £E)* liegt das wundervoll erhaltene und nur zeitweise zugängliche *Grab der Königin Nefertari*, der jung verstorbenen Frau Ramses' II. Kein Grab hat schönere Malereien und prächtigere Farben.

Vor der Kulisse des Kalksteinmassivs erhebt sich in Terrassen der *Hatschepsut-Tempel (Eintritt 50 £E)*. Wandmalereien erzählen hier von der Expedition der vermutlich ermordeten Herrscherin nach Punt (im heutigen Somalia).

Die Wanddarstellungen im *Ramesseum (Eintritt 25 £E | 400 m nördl. der Memnonskolosse)* verherrlichen Ramses II., der Nubier, Libyer, Hethiter unterwarf und strotzend vor Kraft – er soll Vater von 200 Kindern gewesen sein – 67 Jahre lang regierte.

Wenn sich bei so viel Input für Augen und Hirn zwischendurch der Magen meldet: Im *Sofra Restaurant & Café (tgl. 11–24 Uhr | 90 Mohammed Farid Street | Tel. 095 2 35 97 52 | www.sofra.com.eg | €)* kommt ägyptische Hausmannskost auf den Sofra, also den Esstisch. Als eine der besten Eisdielen Ägyptens gilt das, übrigens von deutschen Inhabern geführte, INSIDER TIPP *Wenkies (Sa–Mi 14–23 Uhr, im Sommer geschl. | Gawazat Street).* Im Angebot: verwegene Kreationen wie Büffelmilch-, Doumpalmen- und *Karkadeh*-Eis – lecker! Ein authentisches Café ist im Basar das *Oum Koulsoum (tgl. 6–23 Uhr | www.oumkolsoumcaffe.com | €)* und ein beliebter Abendtreff *The King's Head Pub (tgl. 10–2 Uhr | 1 Khalid Ibn Al-Walid Street | Tel. 095 2 28 04 89 | www.kingsheadluxor. com | €€)* mit Billard und Darts.

Zum Übernachten in Luxor verlockt das bereits 1887 eröffnete, ebenso edle wie

Gut bewacht von kolossalen Statuen ist der Tempel von Luxor

traditionsreiche *Sofitel Winter Palace (92 Zi. | Corniche | Tel. 095 2 38 04 22 | www.sofitel.com | €€€)* mit herrlichem Garten. Einfach, aber sauber, zentral gelegen und familiär ist das bei Backpackern beliebte *Nefertiti Hotel (30 Zi. | El Sahabi Street | Tel. 095 2 37 23 86 | www.nefertitihotel.com | €)*; Besitzer Aladin hilft mit Rat und Tat. Südlich von Luxor – man shuttelt mit dem Nilboot in die City – können Sie in grüner Insellage im *Maritime Jolie Ville (650 Zi. | Kings Island | Tel. 095 2 27 48 55 | www.maritim.de | €€€)* wohnen.

SHARM AL-NAGA (135 D3) ( F11)

Wer den Trubel und die manchmal recht überlaufenen Strände in Hurghada satt hat, findet hier, etwa 40 km südlich des Badeorts, eine der schönsten Buchten am Roten Meer. Der Strand ist lang und sandig, vor dem Ufer befinden sich an nahen Korallenriffen einige wunderbare Schnorchelreviere in gutem Zustand, die bequem ohne Boot zu erreichen sind.

Das Fleckchen Erde ist nicht wirklich menschenleer, da manche Hotels in Hurghada Tagesausflüge einschließlich Barbecue hierher anbieten; Sharm Al-Naga steht aber dennoch in deutlichem Kontrast zu den turbulenten Badeorten. Vor der Küste im offenen Meer gibt es einige attraktive Tauchgründe. Touren mit kleinen Booten oder Yachten dorthin können Sie im Tauchcenter des *Sharm El-Naga Resorts (40 Zi. | Tel. 010 111 29 42 | www.sharmelnaga.com | €€)* buchen. Dieser kleine Strandclub vermietet auch schöne Zimmer (mit Bad und Klimaanlage), hat einen Pool, einen Kinderspielplatz und betreibt eine Strandbar sowie ein Restaurant. Ein Tag innerhalb des Resorts ohne Übernachtung oder Zimmerbenutzung kostet in etwa zehn Euro pro Person.

MAKADI BAY

(135 D2) ( F11) **Das erste Hotel an der schönen Bucht entstand 1998, in-**

Soma Bay – ein Naturparadies mit weißem Sandstrand

zwischen sind rund drei Dutzend weitere Häuser hinzugekommen, u. a. der Ketten Steigenberger, Jaz, Iberotel und Sol Y Mar. In der Makadi-Bucht können Sie eine Art Konfektionsurlaub verbringen, allerdings einen der feineren Sorte. Hier finden Sie in den Hotels alles, was einen Cluburlaub angenehm macht: Tauchschulen und Surfcenter, Clubs, Diskotheken und Restaurants sowie kleine Shoppingmalls. Fast alle Hotels bewirten nach dem All-inclusive-Prinzip. Sehr gut sind im Resort das romantische asiatische Restaurant *Tukai* und das indische *Amaya*. Besonders groß ist das Sport- und Freizeitangebot. Ein kostenloser Shuttlebus fährt von mehreren Hotels nach Hurghada, das nur etwa 30 km entfernt ist.

FREIZEIT & SPORT

GOLF
Der amerikanische Architekt John Sanford hat einen weitläufigen 18-Loch-Golfplatz der Extraklasse entworfen, der schon mehrfach zum besten Ägyptens gekürt wurde. Laien haben die Möglichkeit, freitags von 16 bis 17 Uhr unter professioneller Anleitung Anfängerkurse und Einweisungen zu bekommen. Reservieren können Sie über die Hotelrezeption oder direkt im Clubhaus. *Madinet Makadi Golf Resort | Tel. 010 00 07 25 78 | www.madinatmakadigolf.com*

ÜBERNACHTEN

CLEOPATRA LUXURY RESORT
Die 200 000 m² große Anlage liegt direkt am Strand, der Makadi Bay, und verfügt neben sechs Tennisplätzen über eine Tauchschule und ein erstklassiges Fitnessangebot. Paare haben die Möglichkeit, ein Honeymoon-Spezial zu buchen und ein Champagner-Frühstück sowie ein romantisches Candelight-Dinner zu genießen. *470 Zi. | Tel. 065 3 56 17 00 | www.cleopatraluxurymakadi.com | €€€*

IBEROTEL MAKADI BEACH
Pastellfarbener Bau mit Kuppeln und Arkaden, einem Swimmingpool und

Zimmern mit großem Balkon. Das ausgezeichnete Wassersport- und Windsurfcenter *Surf Motion* befindet sich am Strand. *313 Zi. | Tel. 065 3 59 00 00 | www.iberotel.de | €€€*

JAZ MAKADINA
Nubisch angehauchtes kleines Boutiquehotel mit hübschen *Mashrabiyya*-Holzarbeiten in der Lobby. Seichter Strand, beheizter Pool im Winter. Sehr familienfreundlich. *270 Zi. | Tel. 065 3 59 00 25 | www.jaz.travel | €€€*

TIA HEIGHTS
Langer Sandstrand und einer der größten Swimmingpools im gesamten Nahen Osten. Dazu elegante, nubisch inspirierte Architektur in einer weitläufigen Gartenanlage. Koreanische Künstler statteten jüngst die Lobby neu aus. *1049 Zi. | Tel. 065 3 59 05 90 | www.tiaheights.com | €€€*

SOMA BAY

(135 D3) *(∅ F11)* ⭐ **Die Halbinsel *Ras Abu Soma* war einst ein 10 km² großes Naturparadies für seltene Vögel, Schildkröten usw., dann wurde 1996 mit dem Bau des Resorts begonnen.**

Allerdings ist man dabei durchaus behutsam vorgegangen. Die Ufer blieben frei, die Spitze der Halbinsel unbebaut. Innerhalb der Hotelanlagen kam viel Grün hinzu, denn die in der resorteigenen, teuren Anlage aufbereiteten Abwässer werden geklärt zur Bewässerung der Gärten und Grünanlagen genutzt. Mehrere Hotels der gesamten Gegend führen die Bezeichnung Soma Bay im Namen, Herzstück ist jedoch das in sich abgeschlossene Resort an der Spitze der Halbinsel, das derzeit aus fünf Hotels besteht *(Infos zum gesamten Resort unter www.somabay.com)*. Das Hotel *The Westin Soma Bay Golf Resort & Spa* ist der Mittelpunkt zweier besonderer Attraktionen: Internationales Personal, größtenteils aus Asien, betreibt hier das Thalassotherapiezentrum *The Cascades Spa & Thalasso,* und die Golfspielerlegende Gary Player entwarf den mehrfach ausgezeichneten Golfplatz `INSIDER TIPP` ▸ *The Cascades (www.thecascades.com).* Beide Einrichtungen stehen allen Resortgästen offen. Die Marina *Marsa Tubya* bietet Liegeplätze für 70 Yachten. Hier finden Sie auch Straßencafés und Läden.

ÜBERNACHTEN
CLUB ROBINSON SOMA BAY
Das Hotel ist kein architektonisches Schmuckstück, aber aufgrund des riesigen Freizeitangebots und der schönen Grünanlagen sehr beliebt. Hier finden Sie auch ein Surfcenter und eine Tauchbasis. *292 Zi. | Tel. 065 3 54 98 54 | www.robinson.de | €€€*

SHERATON SOMA BAY
Durch die eigenwillige, pharaonisch inspirierte Architektur wähnt man sich in einem pompösen altägyptischen Tempel. Der Service ist herausragend, ebenso das große Freizeitangebot. *310 Zi. | Tel. 065 3 56 25 84 | www.sheraton-somabay.com | €€€*

THE WESTIN SOMA BAY GOLF RESORT & SPA
Was kommt dabei heraus, wenn man ein Luxushotel mit einem preisgekrönten Golfplatz kombiniert und zur Abrundung eines der besten Spa-Angebote Ägyptens inklusive großer Thermallandschaft anbietet? So kann man es sich in der Soma Bay gut gehen lassen. *249 Zi. | Tel. 065 3 56 26 00 | www.westinsomabay.com | €€€*

SÜDLICH VON HURGHADA

An dem Küstenstreifen von Safaga über El Quseir bis Marsa Alam, 285 km südlich von Hurghada, gibt es schon länger etliche Hotels. Davor war das Festland südlich von Marsa Alam, das an die Grenze zum Sudan reicht, bis 1999 militärisches Sperrgebiet.

Tauchenthusiasten fuhren zwar immer schon mit Booten vor die gesperrte Küste zu den schönsten Korallenriffen Ägyptens, aber erst seit 2001 der Flughafen von Marsa Alam in Betrieb genommen wurde, werden neue Hotelanlagen eröffnet. Archäologen können belegen, dass schon die alten Ägypter von dieser Küste aus zu verwegenen Seereisen aufbrachen. Kathryn Bard von der Boston University fand südlich von Safaga sensationelle Seefahrerutensilien,

3500 Jahre alt, aus einer Zeit, als die Pharaonin Hatschepsut eine Expedition ins legendäre Weihrauchland Punt (heute Somalia) losschickte. Heute ist Tourismus die Zukunft der Region, besonders in der Nähe des Flughafens von Marsa Alam. Hier wurde Ägyptens größtes und jüngstes Ferienobjekt, das Megaresort *Port Ghalib (www.portghalib.com)* mit vorerst sechs Hotels eingeweiht – errichtet haben es u. a. die Schöpfer der südafrikanischen Sun City. Die meisten Hotels der Region beherbergen All-inclusive-Urlauber. Fast alle betreiben Tauch- und Surfcenter und organisieren Ausflüge ins Hinterland sowie Touren nach Luxor. Öko-Vorreiter für u. a. umweltverträgliches Tauchen ist das 🟢 *Mövenpick Resort El Quseir* (s. S. 92).

Das einstige Niemandsland mausert sich zunehmend zu einem beliebten Ziel für Cluburlauber mit Sinn für Ökotourismus

MARSA ALAM

(136 A3) (\[\[H16\]\]) **Die Hotelanlagen, die alle irgendwie unter der Bezeichnung Marsa Alam firmieren, befinden sich nicht in dem kleinen, touristisch uninteressanten Ort selbst, sondern liegen auf einer Strecke von über 100 km entlang der gesamten Küste verteilt.** Bis zum nächstgelegenen Flughafen *(www.marsa-alam-airport.com)* sind es etwa 60 km.

KITESURFEN UND TAUCHEN

Konstanter Wind Sideshore von links, das sind die erfreulichen Standardwetterwerte fürs Kitesurfen in der Region um Marsa Alam. Das *Magic Tulip Beach Resort (246 Zi. | 1 Woche all inclusive im DZ inkl. Flug ab ca. 700 Euro | 17 km südl. des Flughafens Marsa Alam | Tel. 0114 5 18 64 15 | www.facebook.com/TulipMagicResort | €€)* hat eine Kitesurfschule und auch Tauchen ist von der eigenen Basis aus möglich. Für Tauch- und Kiteanfänger gibt's kostenlose 🟢 Schnupperstunden.

ÜBERNACHTEN

ECOLODGES/ÖKOCAMPS 🌱

Von Tauchern für Taucher – so könnte man die Camps und Lodges beschreiben. Wieder einmal wird eine ägyptische Region mit unberührten Riffen touristisch erschlossen, doch dieses Mal waren die Umweltschützer vor den Tourismusvermarktern da. Die Camps werden vor allem von Tauchern besucht; Nichttaucher könnten sich hingegen schnell langweilen. Andere Sport- und Vergnügungsangebote gibt es nämlich kaum. Alle Anbieter organisieren Safaris ins Landesinnere. In den Ecolodges *Marsa Shagra Village (20 km nördl. von Marsa Alam | Tel. 065 3 38 00 21 | €€)* und *Marsa Nakari Village (18 km südl. | Tel. 012 82 16 65 11 | €€)* wohnen Sie direkt am Strand in Zelten mit Beduinenbetten bzw. in Naturstein-bungalows mit oder ohne Bad *(Reservierung für beide Camps Tel. 02 33 37 18 33 | www.redsea-divingsafari.org)*. Sie sollten Handtücher, Taschenlampen und schnelle Akkuladegeräte mitbringen, denn Strom gibt es nur selten und wenn, dann zeitlich begrenzt! Anwalt Hossam Helmy, Betreiber beider Camps, darf Sie übrigens im Shagra Village **INSIDER TIPP** unter Wasser verheiraten; rechtskräftig natürlich!

An das *Oasis Dive Resort (49 Chalets | 20 km nördl. | Tel. 0100 5 05 28 55 | www.oasis-marsaalam.de | €€)* mit Zelten und Chalets ist das *Oasis Diving Center (www.wernerlau.com)* angeschlossen. Die *Awlad Baraka Ecolodge (13 km südl. | Tel. 010 6 46 04 08 | short.travel/rot10 | €€)* verfügt über 20 Palmhütten, befindet sich nur 200 m vom Meer entfernt und wurde mit leicht afrikanischem Einschlag dekoriert. In allen Camps haben Sie nur die Möglichkeit, Vollpension zu buchen. Außerdem sollten Sie unbedingt eigene Handtücher mitbringen.

JAZ LAMAYA RESORT

Das Hotel zeigt sich kinderfreundlich und verfügt überwiegend über große, sogenannte Familienzimmer. Zudem gibt es viele Freizeitangebote, u. a. eine Tauchbasis. *389 Zi. | 5 km nördl. vom Marsa Alam Airport | Tel. 065 3 75 00 30 | www.jaz.travel | €€–€€€*

THE PALACE PORT GHALIB 🔴

Das Luxushotel hat 2010 den *World Travel Award* für das führende Spa-Resort in Ägypten gewonnen. Es ähnelt einem Palast und besitzt prächtige Gärten mit Wasserfällen. Sie haben einen tollen ☼ Blick auf den Hafen. Das Spa glänzt mit 16 stilvoll eingerichteten Behandlungsräumen und einem erstklassigen Therapieangebot. *309 Zi., 13 Royal Suites | Port Ghalib | Tel. 065 3 36 00 00 | www.redseahotels.com | €€€*

ZIELE IN DER UMGEBUNG

INSIDER TIPP ▶ GEBEL ELBA 🌿 (0) (📖 0)
Gut 30 km vor dem Sudan erhebt sich mitten in der Wüste eine grüne Oase, 1437 m hoch. Spezielle Feuchtigkeitsverhältnisse haben ein Biotop mit seltenen Tier- und Pflanzenarten geschaffen, das seinesgleichen sucht. Für Touren hierher brauchen Sie eine Genehmigung, Vogelliebhaber können den Berg mit den Spezialisten von *Birding in Egypt (www.birdinginegypt.com)* erkunden.

EL-SHAZLIS GRAB (136 A5) (📖 G18)
140 km südwestlich von Marsa Alam liegt das Grab von Sayyed el-Shazli, einem Sheikh aus dem 13. Jh., der noch heute als einer der einflussreichsten Sufi-Gelehrten Ägyptens verehrt wird. Anlässlich seines *Moulid* (S. S. 114) besuchen am 15. Tag des islamischen Monats Shawal Tausende Pilger die Stätte. Ein schöner Tagesausflug, den Sie am besten privat mit dem Taxi oder über Ihr Hotel organisiert unternehmen.

INSIDER TIPP ▶ WADI EL-GEMAL 🌐
(136 B4) (📖 J16)
Guide *Steven (Tel. 012 84 33 23 37 | steven@marsaalam.com)* organisiert ökologische und ethnische Touren mit Dinner durch den Nationalpark Wadi El-Gemal (*„Tal der Kamele" | 50 km südl. von Marsa Alam | short.travel/rot16*). Das zum Weltkulturerbe gehörende Tal ist Heimat unzähliger Vogel- und Gazellenarten. Einen Besuch wert ist auch *Wadi Gemal Island*, das vor der Küstenöffnung des Tals liegt.

EL QUSEIR

(135 E5) (📖 G13) ⭐ **Die idyllische, leicht italienisch anmutende Hafenstadt liegt etwa 140 km südlich von Hurghada.**

Ihm gefällt es hier auch:
Gartenrotschwanz in Marsa Alam

Eine Firma aus Italien förderte hier bis 1956 Phosphat. In pharaonischen, römischen und arabischen Zeiten lag der Ort an einer bedeutenden Handelsroute. Muslimische Pilger brachen von hier aus mit Schiffen nach Mekka auf. Ende des 19. Jhs. erhielt Suez Bahnanschluss. Handels- und Pilgerströme nahmen fortan einen anderen Weg, sodass El Quseir seinen Niedergang erlebte. In der malerischen Altstadt steht eine ottomanische 🌿 Zitadelle, die ein Museum und das Visitor Center beherbergt. Bis vor 100 Jahren war sie das Trinkwasserdepot des Orts, als das Wasser noch

---

⭐ **El Quseir**
Kleines Hafenstädtchen mit leicht italienischem Flair im Zentrum → S. 91

⭐ **Mons Claudianus**
Antiker Steinbruch für den schwarzen Granit, der für Prachtbauten in Rom verwendet wurde → S. 93

MARCO POLO HIGHLIGHTS

Am Strand des Mövenpick Resorts in El Quseir

nicht, aber eine hervorragende *Tauchstation (www.ducks-dive-center.de). 100 Zi. | Tel. 065 3 39 50 26 und 02 37 48 67 48 | www.mangrovebayresort.com | €€*

MÖVENPICK RESORT EL QUSEIR

Nubisch inspiriertes Luxushotel aus Naturstein am Sirena Beach, das mit Umweltschutzpreisen überhäuft ist. Sogar Schildkröten legen ihre Eier in der Bucht ab. Tolles **INSIDER TIPP** Hausriff, zu dem höchstens 20 Taucher gleichzeitig gelassen werden. *250 Zi. | Tel. 065 3 35 04 10 | www.moevenpick-quseir.com | €€€*

INSIDER TIPP EL QUSEIR HOTEL

In dem einfachen, über 80 Jahre alten Haus lebte früher ein Clanchef des Ababda-Stamms (s. Kasten). Beim Renovieren blieben Holztreppe und -erker sowie anderes altes Interieur erhalten. Einige Zimmer mit Meerblick. Klimaanlage, Etagenbad. *6 Zi. | Sharia Bur Said | Tel. 065 3 33 23 01 | €*

INSIDER TIPP ROOTS LUXURY CAMP

14 km von El Quseir entfernt an einem einsamen Sandstrand mit Tauchstation gelegen. Alle Hütten sind aus natürlichen Materialien, einige haben Klimaanlage und Flachbild-TV. Das Camp bietet Kamel-, Pferde- und Jeepsafaris an. Restaurant, Beachbar und ein Beduinenzelt mit Shishacafé. *12 Luxus- und 12 Eco-Hütten | nördl. von El Quseir | Tel. 165 54 09 00 | www.rootscampredsea.com | €–€€*

mit Schiffen aus dem Jemen geholt wurde. Sehenswert: der Schrein des Scheichs Al-Gilany, die Kirche der Jungfrau Maria und mehrere alte Moscheen. Die Gastronomie gibt außerhalb der Hotels nicht viel her. Einzige Ausnahme: das *Restaurant Marianne (tgl. 12–15 und 18–22 Uhr | Sharia Port Said | Tel. 065 3 33 43 86)* mit leckeren Fischgerichten ab 45 £E.

ÜBERNACHTEN

MANGROVE BAY RESORT

Ferien am Mangrovenhain! Die Bungalows stehen an einer flachen Bucht mit Palmen. Das Resort ist herrlich still und einsam gelegen; Nachtleben gibt es hier

SAFAGA

(135 D3) (*F12*) **Die älteste Hafenstadt am Roten Meer liegt 55 km südlich von Hurghada. Der Hafen wurde 2450 v. Chr. von Pharao Sahure für den Handel und zur Erforschung des Meers erbaut. Heute wird er vor al-**

lem als Armeestützpunkt und Um-schlagplatz für Handelswaren genutzt. Safaga hat kaum Sehenswürdigkeiten, an Schuppenflechte Erkrankte sollen hier jedoch Linderung erfahren. Ein Team des nationalen Forschungszentrums will herausgefunden haben, dass es unter den 45 000 Menschen, die in der Stadt und in ihrem Umkreis leben, praktisch keinen Erkrankungsfall mehr gibt. Das Meerwasser ist hier um 35 Prozent salziger als üblich, der schwarze Sand enthält radioaktive Substanzen. Nun möchte man eine Art Kurtourismus etablieren. Auch bei Windsurfern ist die Region beliebt.

ÜBERNACHTEN

INSIDER TIPP ▶ ALIBABA

Die Zimmer des kleinen Hotels der Schweizerin Sandra und ihres ägyptischen Manns sind sauber und klimatisiert. Vom ☀ Restaurant auf dem Dach aus haben Sie einen tollen Blick übers Meer. *27 Zi. | am Menaville Resort | Tel. 010 05 39 97 97 | www.hotel-alibaba.com | €€*

MENAVILLE

Das Resort kooperiert mit Kurspezialisten aus dem tschechischen Karlovy

Vary und ist der einzige Heilort an der Rotmeerküste, der die Klimatherapie auf wissenschaftlich überwachte Weise unter ärztlicher Aufsicht anbietet. Dazu gibt es eine von Deutschen geleitete *Tauchstation (www.menadive.com)* und einen Shop, der Markenartikel von IQ anbietet. *310 Zi. | Tel. 065 3 26 00 64 | www.menaville-resort.com | €€*

SHAMS SAFAGA

Weitläufiges Urlaubsresort mit vier verschiedenen Hotels, einem Wellnesscenter, einem vielseitigen Sportangebot sowie einer Surf- *(www.ion-club.net)* und Tauchstation. *364 Zi., davon 136 Zi. in Bungalows | Tel. 065 3 26 00 44 | www.shamshotels.com | €€*

ZIEL IN DER UMGEBUNG

MONS CLAUDIANUS ★
(134 C3) (*M E12*)

Der schwarze Granit, den die Römer bis vor 1800 Jahren aus dem Steinbruch holten, fand in Roms Prachtbauten Verwendung. Zu sehen sind u. a. Siedlungsreste, halb fertiggestellte Säulen sowie eine schöne Wüstenlandschaft auf dem Weg dorthin. *60 km westl. von Safaga*

WIE VOR 1000 JAHREN

Ganz im Süden des Landes, in der Wüste zwischen Nasser-Stausee und Rotem Meer, leben Stämme der Bejas bzw. Bedschas. Ihre Volksgruppe ist über ein riesiges Areal im Ostsudan, in Ägypten und Eritrea verteilt. Die Lebensweise der insgesamt mindestens 2 Mio. Menschen – fast ausnahmslos muslimische Nomaden – hat sich seit über 1000 Jahren kaum verändert. In Ägypten

fühlen sie sich zumeist den Bishari- oder den Ababda-Clans zugehörig. Ihr einziger Kontakt zur Außenwelt sind die wenigen sesshaften Bejas, die etwa im Niltal oder in El Queseir zu Hause sind. Über sie wickeln sie Handelsgeschäfte ab, meist bargeldlos. Ihre genaue Zahl ist umstritten. Knapp 70 000 Menschen sprechen in Ägypten den Bisharin-Dialekt, wohl ebenso viele den arabischen Ababda-Dialekt.

ERLEBNISTOUREN

① ROTES MEER & SINAI PERFEKT IM ÜBERBLICK

START: ① Sharm El-Sheikh
ZIEL: ⑲ El Gouna

16 Tage
reine Fahrzeit
17 Std.

Strecke:
➜ rund 1800 km

KOSTEN: Mietwagen & Benzin ca. 900 Euro, Übernachtungen im DZ ca. 1500 Euro, Flug ca. 150 Euro, Eintritte & Ausflüge ca. 400 Euro
MITNEHMEN: feste Schuhe, Sonnenschutz, Navi, Schnorchelzubehör

ACHTUNG: Anmietung und Rückgabe des Wagens: für den Sinai am Flughafen Sharm El-Sheikh, fürs Festland am Flughafen Hurghada. Reservieren Sie schon bei Buchung des **Mövenpick Resort El Quseir** den Tauchgang am Hausriff bei **Extra Divers** (*short.travel/rot22*). Erfragen Sie täglich die aktuelle Sicherheitslage (Hotelrezeptionen)!

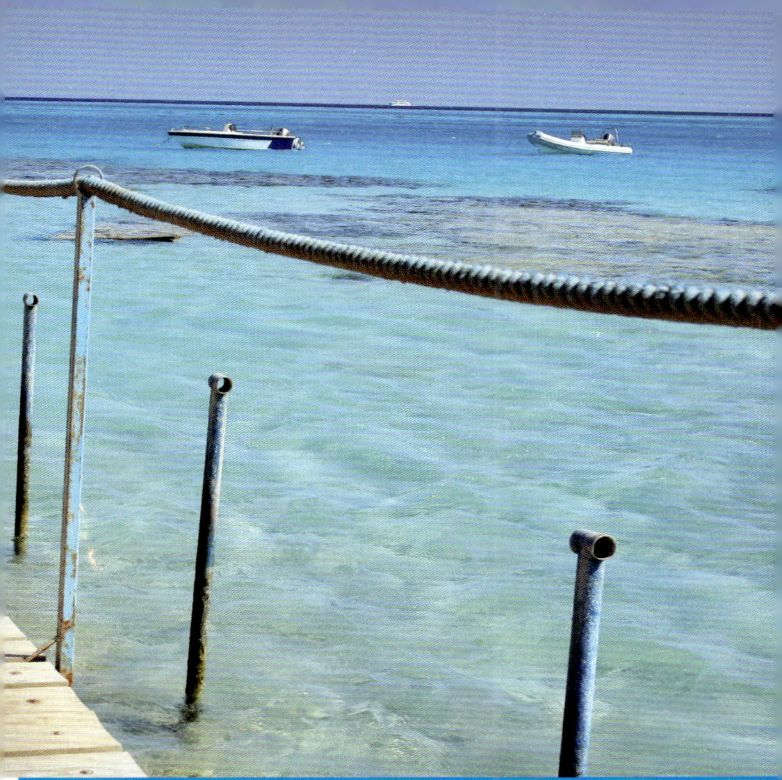

Jeder Zipfel dieser Erde hat seine eigene Schönheit. Wenn Sie Lust haben, die einzigartigen Besonderheiten dieser Region zu entdecken, wenn Sie tolle Tipps für lohnende Stopps, atemberaubende Orte, ausgewählte Restaurants oder typische Aktivitäten bekommen wollen, dann sind diese maßgeschneiderten Erlebnistouren genau das Richtige für Sie. Machen Sie sich auf den Weg und folgen Sie den Spuren der MARCO POLO Autoren – ganz bequem und mit der digitalen Routenführung, die Sie sich über den QR-Code auf S. 2/3 oder die URL in der Fußzeile zu jeder Tour downloaden können.

Mehr Meer als auf dieser Tour geht nicht. Erst erkunden Sie – mit Abstechern in den zerklüfteten Zentralsinai – die traumhafte Ostküste der Halbinsel, um dann zu den Festlandufern des Roten Meers zu hüpfen. Unterwegs verwöhnen Sie den Körper, tauchen ab in die Unterwasserwelt und relaxen zum Schluss am Strand.

Sie sind in **❶ Sharm El-Sheikh → S. 42**, Ägyptens schickem Badeort, angekommen. Nach dem Hotel-Check-in und einem ersten Bad im Meer flanieren Sie am Abend **über die Promenade und durch die Fußgängerzone**, um die **Naama Bay** mit ihren Cafés und Restaurants zu erkunden.

TAG 1

❶ Sharm El-Sheikh

TAG 2–4

(216 km)

❷ Katharinenkloster

(13 km)

❸ Mount Sinai
   Ecolodge

(11 km)

❹ Katharinenberg

(178 km)

Der zweite Tag beginnt früh, denn heute steuern Sie die Berge des Zentralsinai an. **Erst über die Schnellstraße 35, dann auf der Bergstraße 36** erreichen Sie das ❷ **Katharinenkloster → S. 52 am Mosesberg → S. 56**. Nach einem Besuch des Weltkulturerbes wird die ❸ **Mount Sinai Ecolodge → S. 56** Ihr Quartier für die sehr kurze Nacht: Ab ca. 2 Uhr morgens **erklimmen Sie mit einem beduinischen Guide den** ❹ **Katharinenberg → S. 56**, den höchsten Berg des Sinai. Die schöne Tour (5–6 Std. Aufstieg, 3 Std. Abstieg) ist etwas für sportliche Geher, verlangt aber keine Bergsteigerfähigkeiten. Unterwegs erleben Sie den Sonnenaufgang und oben ein grandioses Panorama. Belohnung für die Anstrengung ist später das luxuriöse Hoteldorf **⑤ Taba Heights → S. 49**, in dem Sie für zwei Nächte bleiben. Am Abend tun Sie, was alle hier tun: Abendessen, Drink an der Bar und gute Nacht. Am nächsten Tag ist zur Erholung Wellness *(Massagen ab ca. 45 Euro)* angesagt.

Am frühen Morgen machen Sie sich auf die Weiterreise: **In nördlicher Richtung** steuern Sie den so berühmten wie unaufregenden Grenzort zu Israel, **⑥ Taba → S. 48**, an und **setzen von dort aus mit einem Kahn** *(ca. 5 Euro/Person)* **über** zu der verwunschen wirkenden Kreuzfahrerfestung auf der **⑦ Geziret al-Fara'un (Pharaoneninsel) → S. 49**. **Im Anschluss geht es wieder nach Süden** zum Naturschutzgebiet **⑧ The Fjord (Marsa Murakh) → S. 49**. Dort springen Sie ins kristallklare Wasser und können schnorchelnd unberührte Korallenriffe bewundern. Am **Kiosk** über der Bucht gibt es übrigens kalte Getränke und Snacks. **Auf der Schnellstraße 35** gelangen Sie danach weiter nach Süden zum **⓿ ⑨ Castle Zaman → S. 41**, einer mittelalterlichen Design-Öko-Burg mit tollem Ausblick auf den Golf von Aqaba. Hier legen Sie einen Mittagsstopp ein. **Noch weiter auf der Straße 35 erreichen Sie schließlich ⑩ Nuweiba → S. 39**. Die ehemalige Hippiestadt mit ihrem verblassten Goa-Feeling, aber tollen Stränden, ist Ihr Übernachtungsziel.

An Tag 6 folgen Sie der **Bergstraße 37 in den Zentralsinai.** Nahe dem **⑪ Coloured Canyon → S. 41** verlassen Sie das Auto und erkunden das wunderschöne Tal für etwa eine Stunde zu Fuß. Lassen Sie sich bei der **Weiterfahrt auf Straße Nr. 36** eine Stippvisite im schon in der Bibel erwähnten **⑫ 'Ain Khudra → S. 40** nicht entgehen. Die sattgrüne Oase bewohnen gastfreundliche Beduinen, mit denen Sie bei einem Tee am offenen Feuer schnell ins Gespräch kommen. **Zurück an der Küste** wird das atmosphärische **⑬ Dahab → S. 33** schließlich Ihr nächster Stopp für zwei Nächte. Am Abend schlendern Sie die Uferpromenade entlang und genießen ein Dinner im **Nesima Resort → S. 38**. Ein relaxtes Programm erwartet Sie an Tag 7: Gehen Sie surfen, spielen Sie in einem Café eine Partie Backgammon und probieren Sie eine Shisha. Abends essen Sie im skurrilen **Lakhbatita → S. 35** und gönnen sich in einem **Café** an der Uferpromenade noch erfrischend-leckere Drinks.

Während Ihrer letzten Etappe auf dem Sinai unterbrechen Sie **ca. 30 km vor Sharm El-Sheikh** noch einmal die Fahrt, **um zur Küste hin in den ⑭ Nabq-Nationalpark → S. 46 abzubiegen.** Dort gibt es den nördlichsten Mangrovenhain

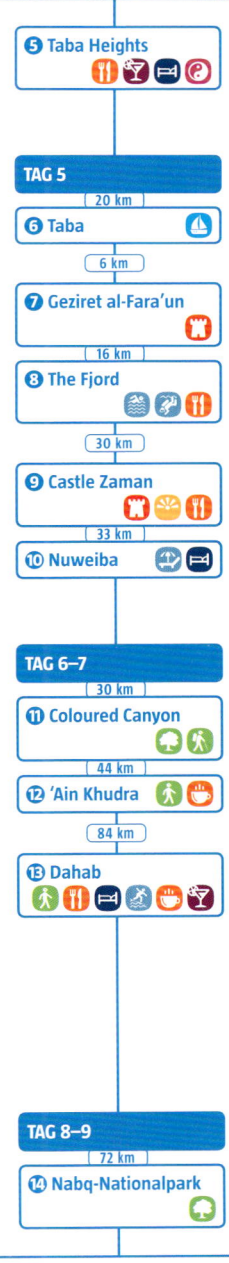

✈

[286 km]

🔵 15 Soma Bay 🛏️ 🅿️

[122 km]

🔵 16 El Quseir 🍽️ 🛏️ 🌳 🏃 🏊

[263 km]

TAG 10–13

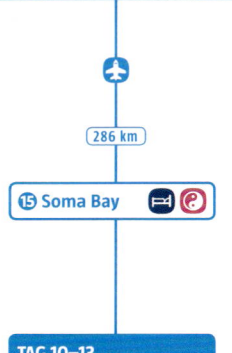

Am Riff vor Marsa Alam –
eine Explosion der Farben

🔵 17 Marsa Alam 🛏️ 🏊 🏃 🌳

TAG 14–16

[269 km]

der Welt zu bewundern – ein tolles Fotomotiv! Noch am selben Tag setzen Sie dann Ihre Reise **von Sharm El-Sheikh aus mit dem Flieger nach Hurghada** fort, um dort am Flughafen erneut einen Mietwagen abzuholen. **Sie fahren 53 km Richtung Süden (Straße 65) und lassen Hurghada wortwörtlich links liegen. Ihr Ziel ist die kleine Halbinsel** 🔵 **Soma Bay → S. 87**, wo Sie zwei Nächte lang z. B. im **Sheraton Soma Bay → S. 87** logieren und am folgenden Tag Ihrem Körper bei einer Thalassobehandlung *(z. B. Thalasso-Tonic-Pool 35 Euro/Std.)* im **The Westin Soma Bay Golf Resort & Spa → S. 87** etwas Gutes tun.

Die Weiterreise führt Sie an Tag 10 in die hübsche, jahrhundertalte Handelsstadt 🔵 **El Quseir → S. 91**. Hier im **Mövenpick Resort El Quseir → S. 92** zu übernachten, ist ein Muss. Bei einem Tauchgang *(40 Euro/Person)* am **Hausriff**, um das sich Meeresschildkröten tummeln, lernen Sie an Tag 11 viel über die Gefahren, die der Tauchtourismus für Korallen und die übrige Unterwasserwelt birgt. Nicht weniger spannend ist ein Bootsausflug, den Sie im Hotel buchen können: Am nächsten Urlaubsmorgen schippern Sie zum betauchbaren Wrack der 1991 gesunkenen 🟥 **INSIDER TIPP** ▶ **Salem-Express** *(70 Euro/Person)*, die in 11 bis 34 m Tiefe liegt.

Am frühen Abend von Tag 12 fahren Sie dann weiter nach 🔵 **Marsa Alam → S. 89**, dem südlichsten Punkt der Tour, wo Sie die nächsten beiden Nächte verbringen. In etlichen 🟢 Ecolodges vor Ort mit Palm- und Steinhütten wird Ökotourismus großgeschrieben. Bei einer über alle Hotels buchbaren **Bootstour** *(45 Euro/Person)* an Tag 13 begegnen Sie mit ziemlicher Sicherheit Delphinen und können schnorcheln gehen. Die Riffe hier sind erstklassig erhalten.

Nach einer zugegeben etwas monotonen, rund **270 km langen Rückfahrt** kommen Sie an Tag 14 wieder nach

⑱ Hurghada → S. 75 und geben dort den Mietwagen am Flughafen ab. Mit einem Taxi fahren Sie zum wenige Minuten entfernten Fischrestaurant **Al Halaka → S. 76**, um sich zu stärken. **Eine weitere Taxifahrt bringt Sie dann nach ⑲ El Gouna → S. 68**, einem malerischen Lagunenstädtchen mit guten Hotels aller Preisklassen, tollen Cafés, Restaurants, Bars, Shops, Wellness- und Wassersportangeboten. In Ägyptens Klein-Venedig bleiben Sie noch zwei Nächte. Ob Action fast rund um die Uhr oder einfach nur am Strand abhängen – hier haben Sie die Wahl.

2 — WO DIE EINSIEDLER LEB(T)EN

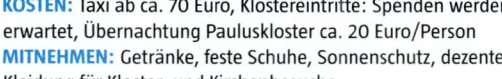

START: ❶ 'Ain Sukhna
ZIEL: ❶ 'Ain Sukhna

2 Tage
reine Fahrzeit
ca. 4 Stunden

Strecke: leicht
🕐 **ca. 315 km** 📶 **Höhenmeter: 280 m**

KOSTEN: Taxi ab ca. 70 Euro, Klostereintritte: Spenden werden erwartet, Übernachtung Pauluskloster ca. 20 Euro/Person
MITNEHMEN: Getränke, feste Schuhe, Sonnenschutz, dezente Kleidung für Kloster- und Kirchenbesuche

ACHTUNG: Wegen des frühen Tourstarts an Tag 1 sollten Sie bereits in ❶ 'Ain Sukhna übernachten.
Überprüfen Sie vorab die Öffnungszeiten! ❷ Antoniuskloster: *Tel. 022 5 90 60 26*; ❺ Pauluskloster: *Tel. 022 5 90 02 18*, Übernachtung dort nur bei Voranmeldung unter *Tel. 012 20 32 45 40* möglich.
In beiden Klöstern herrscht Alkohol- und Rauchverbot.

Als die Einsiedler Antonius und Paulus im 4. Jh. starben, war die Gegend um ihre Felshöhlen auf dem Galala-Plateau längst Anziehungspunkt für Tausende von Glaubensbrüdern. Diese gründeten zwei Klöster, in denen noch heute Mönche leben. Die Tour dorthin führt Sie durch eine eindrucksvolle Bergwelt.

Am ersten Tag sollten Sie früh aus den Federn und spätestens **um 6 Uhr mit dem vorbestellten Taxi in ❶ 'Ain Sukhna → S. 60 aufbrechen**, dann sind Sie vor 8 Uhr am Klostertor. Doch erst einmal geht es **knapp 80 km die Küstenstraße entlang** – linker Hand das Rote Meer mit Ölbohrtürmen und die Küste, rechter Hand die Bergzüge der Arabischen Wüste – **Richtung Süden bis zum kleinen Hafenstädtchen Zaafarana → S. 64, wo Sie nach rechts abbiegen** und durch das unwirtlich zerklüftete **Wadi Araba** bis auf 400 m über dem Meeresspiegel zum geschichts-

TAG 1

❶ 'Ain Sukhna

Die Fresken im Antoniuskloster: alt, aber ganz und gar nicht grau

❷ Antoniuskloster

1,9 km

❸ Höhle

2,4 km

❹ Kloster

trächtigen **❷ Antoniuskloster (Deir al-Qaddis Antwan) → S. 64** gelangen. Vereinbaren Sie mit Ihrem Taxifahrer, dass er bis zur Weiterfahrt hier auf Sie wartet.

Bevor Sie die Anlage selbst besichtigen, decken Sie sich in der **Kloster-Cafeteria** mit reichlich Getränken und Snacks ein und **steuern dann,** um nicht in die rasch aufziehende Vormittagshitze zu geraten, **zuerst die auf 680 m Höhe liegende ❸ Höhle an,** in der Antonius, der Vater des christlichen Mönchtums, als Einsiedler gelebt haben soll. Für den schönen, aber anstrengenden **Aufstieg über knapp 1200 Treppenstufen** sollten Sie hin und zurück gut 1,5 Stunden einplanen. Der Ausblick vom Kliff an der Höhle ist grandios! Hier packen Sie den Proviant aus und legen eine Picknickpause ein. Schauen Sie genau hin: Schon mittelalterliche Pilger haben hier Graffiti im Fels hinterlassen.

Gegen 10 Uhr sind Sie zurück im **❹ Kloster. Gassen zweigen hier von einer Art Hauptstraße ab** und bilden eine 60 000 m² große Oasenanlage mit sieben Kirchen, kleinen Häuschen und Gärten, in denen Obst, Gemüse und auch Weinstöcke gedeihen. Eine 2 m dicke, teils 12 m hohe Mauer schützt das Kloster seit jeher vor ungebetenen Gästen. **Mittelpunkt ist die dreischiffige St.-Antonius-Kirche** aus dem 6. Jh., die später noch mehrmals baulich verändert wurde. Sie besitzt einige prächtige, farbintensive Fresken – das Bild im Durchgang zum Sanktuarium, das die Erzengel Gabriel und Michael zeigt, ist über 1000 Jahre alt. In einem kleinen **Museum** erfahren Sie alles über die Klostergeschichte. Außerdem sind alte handgeschriebene Manuskripte zu sehen, die z. B. berichten, wie sich die Mönche vor Räubern schützten, indem sie Fremde nicht durchs Tor einließen, sondern per Flaschenzug auf die Mauer hievten.

Nach einer kleinen Stärkung in der Cafeteria **fahren Sie gegen 12.30 Uhr mit Ihrem Taxi weiter zum ❺ Pauluskloster (Deir Anba Bula)** → S. 64 – das dauert ungefähr eine Stunde, weil man **zurück an die Küstenstraße und von dort weiter südlich erneut in die Berge fahren** muss. Der Fahrer wird Sie hier am Kloster anderntags auch wieder abholen.

Das Pauluskloster hoch auf einem Felsen mit Blick über die Arabische Wüste ist kleiner, wirkt malerischer und mittelalterlicher. Es ist von einer 450 m langen Mauer umgeben. Die **Pauluskirche** wurde über der Grotte des Eremiten Paulus errichtet. Mit ihren Altären und Bibeldarstellungen wirkt sie im Licht von Hunderten Kerzen geradezu mystisch. Eine Treppe führt vom Vorraum in die Unterkirche, wo der Marmorsarkophag mit den Gebeinen des Heiligen steht. Eindrucksvolle Fresken zeigen hier u. a. die Apokalypse.

Gegen 15.30 Uhr sind Sie mit der Besichtigung durch. In der **Cafeteria** bekommen Sie Snacks und einen erfrischenden Minztee oder Softdrink. Übernachten werden Sie im einfachen **INSIDER TIPP Guesthouse** des Klosters. Streifen Sie spätestens, wenn die Tore für Besucher geschlossen sind, durch die Anlage und fangen Sie die besinnliche Stimmung ein. Viele Pilger nutzen den Aufenthalt zum Gebet und zur Meditation. Bestimmt werden Sie auch mit einem der sehr freundlichen Mönche ins Gespräch kommen. Sie plauschen gern mit Besuchern über ihr Leben in der Abgeschiedenheit, das sie durch eigene Landwirtschaft seit jeher autark gestalten. Im Gästehaus wird Ihnen auch das Abendbrot serviert. Dann endet der Tag: Man geht hier früh schlafen, steht früh auf.

85 km

❺ Pauluskloster

TAG 2

[110 km]

❶ 'Ain Sukhna

Am nächsten Morgen holt Sie Ihr Taxifahrer wieder ab und bringt Sie **in gut 1,5 Stunden zurück nach** ❶ **'Ain Sukhna**.

③ ZEITREISE ZUR WIEGE DER ZIVILISATION

START: ❶ **Steigenberger Nile Palace**
ZIEL: ⑱ **Wenkies**

3 Tage
reine Geh-/Fahrzeit
ca. 10 Stunden

Strecke:
 ca. 50 km

KOSTEN: Essen & Trinken 250–300 Euro, Übernachtungen ca. 130 Euro, Kutschfahrten ca. 9 Euro, Fahrrad ab 10 Euro/Tag , Felukke ab 10 Euro/Std., Eintritte ca. 50 Euro/Person
MITNEHMEN: Reisepass (wegen Checkpoints), Navi, Fahrtproviant, feste Schuhe, Sonnenschutz, Badesachen, Abendkleidung

ACHTUNG: Planen Sie bei Anreise mit dem Mietwagen (Infos s. S. 120) ab **Hurghada → S. 75** rund 4 Stunden für die Strecke über Safaga (ca. 280 km) ein. Erfragen Sie vor der Abfahrt die aktuelle Sicherheitslage (Hotelrezeption)! Am Ortsausgang von Hurghada, vor Luxor und unterwegs werden Sie bei etlichen Checkpoints kontrolliert. In der Regel wird man nur kurz Ihren Reisepass ansehen. Je nach Sicherheitslage kann die Fahrt in gesicherten Polizeikonvois angeordnet werden. Fahren Sie an Tag 3 spätestens gegen 14 Uhr in Luxor ab, um Hurghada wieder sicher vor Einbruch der Dunkelheit zu erreichen.

Auf zu den Pharaonen! Im grünen Niltal liegt der Ort Luxor, auf Arabisch heißt er Al-Uqsur, „die Paläste". Seine spektakulären Bauten und Gräberfelder der alten Ägypter erleben Sie auf eigene Faust in drei Tagen.

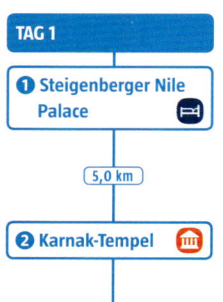

Ihre Tour durch Luxor beginnt gegen 10 Uhr. Nach dem Einchecken im ❶ **Steigenberger Nile Palace** *(303 Zi. und Suiten | Khaled Ben El Walid Street | Tel. 095 2 36 69 99 | short.travel/rot30 | €€–€€€)* verbringen Sie den Tag **auf der östlichen Nilseite in Luxor** und heuern eine der überall anzutreffenden Kaleschen an, die Sie nach vermutlich zähen Preisverhandlungen mit dem Pferdekutscher (peilen Sie 30 £E für die einfache Fahrt an) zu den weltberühmten ❷ **Karnak-Tempeln → S. 83** bringt. Die Anlage, über Jahrtausende eine Baustelle der Götterverehrung, befindet sich **rund 3 km nördlich des Luxor-Tempels**. Nicht weit entfernt vom Eingang mit der Allee der Widdersphingen steht dort der **Amun-Tempel**. Berühmt ist hier der riesige

Säulenwald zu beiden Seiten des Mittelgangs. Die 134 kolossalen Stützen kennen Sie, auch wenn Sie noch nie hier waren: In „Der Spion, der mich liebte" krachte ein vom Beißer gestoßener Steinblock knapp an James Bond vorbei.

Während der Mittagshitze **ziehen Sie sich ins Hotel zurück.** Danach geht 's dann zu Fuß auf zum kolossalen ❸ **Luxor-Tempel → S. 83 im Stadtzentrum.** Er ist den Gottheiten Amun und Mut sowie ihrem Sohn Khonsu geweiht. Zwei große Sitzstatuen Ramses' II. empfangen Sie am Eingang.

Wenn sich die Sonne über dem Westufer senkt, sollten Sie zum Sundowner – Gin Tonic wäre der Klassiker – auf der Terrasse des ❹ **Sofitel Winter Palace → S. 85** sitzen. Die viktorianische Architektur, der Nilblick und der exotische Garten des Hotels verzauberten schon Ende des 19. Jhs. den europäischen Reiseadel. Agatha Christie schrieb hier am „Tod auf dem Nil". Bei Ihrem anschließenden Bummel über den ❺ **Basar** lernen Sie die gewieftesten und leider auch aufdringlichsten Händler Ägyptens kennen. Feilschen Sie, was geht, wenn Sie Souvenirs und Gewürze kaufen – und immer lächeln! Danach nehmen Sie wieder eine Kutsche und genießen am ❻ **Karnak-Tempel** noch die tolle **Sound- & Lightshow** *(Beginn 19, 20, 21 Uhr)*, bevor Sie weiterfahren, um vor der Rückkehr ins Hotel Hunger und Durst im britischen ❼ **The King's Head Pub → S. 84** zu stillen.

Tag 2 beginnt früh. Am besten spazieren Sie schon gegen halb sieben vom Hotel los und **setzen vom Luxortempel aus mit der** `INSIDER TIPP` **Fähre** *(Fahrpreis 1 £E)* **über den Nil,** wo Sie am Anleger bei einem der Verleiher ein Fahrrad mieten. **Den ersten Radelstopp legen Sie am zentralen Tickethäuschen hinter den** ❽ **Memnonskolossen → S. 84 ein.** Nehmen Sie sich den Vormittag Zeit für das ❾ **Tal der Könige → S. 84** mit dem berühmten **Grab Tut-ench-Amuns** sowie für das ❿ **Tal der Königinnen → S. 84,** die Terrassenanlage des ⓫ **Hatschepsut-Tempels → S. 84** und das ⓬ **Ramesseum → S. 84.**

Nach der obligatorischen Siesta im Hotel kreuzen Sie später **mit einer der Felukken,** die überall am Ufer liegen, auf dem Nil und lassen sich schließlich in der Abendsonne **am Westufer des Stroms absetzen.** Von hier aus ist der Blick auf den beleuchteten Luxor-Tempel atemberaubend schön. Bei einem kühlen Getränk im Dachrestaurant des ⓭ `INSIDER TIPP` **Nile Valley Hotels** *(tgl. | 2 Gehmin. vom*

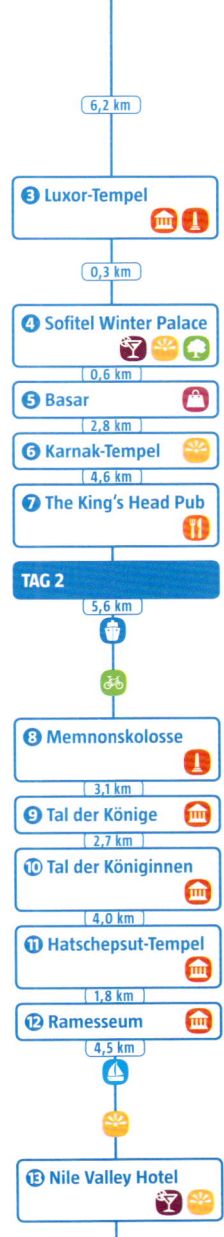

- 6,2 km
- ❸ Luxor-Tempel
- 0,3 km
- ❹ Sofitel Winter Palace
- 0,6 km
- ❺ Basar
- 2,8 km
- ❻ Karnak-Tempel
- 4,6 km
- ❼ The King's Head Pub
- **TAG 2**
- 5,6 km
- ❽ Memnonskolosse
- 3,1 km
- ❾ Tal der Könige
- 2,7 km
- ❿ Tal der Königinnen
- 4,0 km
- ⓫ Hatschepsut-Tempel
- 1,8 km
- ⓬ Ramesseum
- 4,5 km
- ⓭ Nile Valley Hotel

3,8 km

⑭ Sofitel Winter Palace 🍴 🍸

TAG 3

4,2 km

⑮ Luxor-Museum 🏛

0,9 km

⑯ Mumien-Museum 🏛

1,8 km

⑰ Sofra Restaurant & Café 🍴

1,6 km

⑱ Wenkies 🍦

Fähranleger | Tel. 095 2 311 4 77 | www.nilevalley.nl | €€) zeigen sich Ihnen Stadt und Nil wie in Super-Cinemascope.

Mit der Fähre fahren Sie anschließend wieder ans Ostufer und kehren – nachdem Sie sich im Hotel schick gemacht haben – **per Kutsche noch einmal zurück zum ⑭ Sofitel Winter Palace**, wo Sie im legendären **1886 Restaurant** *(tgl. 19–23 Uhr | Tel. 095 2 38 04 25 | €€€)* essen und danach in der nostalgischen **Royal Bar** des Hotels zum krönenden Abschluss des Tages einen Cocktail schlürfen.

Am letzten Tourtag brauchen Sie nicht ganz so früh aufzustehen und Ihr Weg führt Sie auch erst einmal in klimatisierte Räume. Zwei Highlights warten: das **⑮ Luxor-Muse-um → S. 84** und das **⑯ Mumien-Museum → S. 84**, beides spektakuläre, sehr übersichtlich aufbereitete Sammlungen mit Stelen, Statuen, Sarkophagen, Tier- und Menschenmumien sowie auch Funden aus Grabräuberverstecken.

Nach einem Lunch im **⑰ Sofra Restaurant & Café → S. 84** mit klassisch ägyptischer Küche *(mezze, Huhn, Ente, Täubchen)* steuern Sie per Kutsche **⑱ Wenkies → S. 84** an. Dort holen Sie sich zum Dessert noch ein Eis aus Wasserbüffelmilch oder mit *Karkadeh* (Malvenblütentee) und beenden mit diesem Geschmack auf der Zunge Ihre Luxor-Tour.

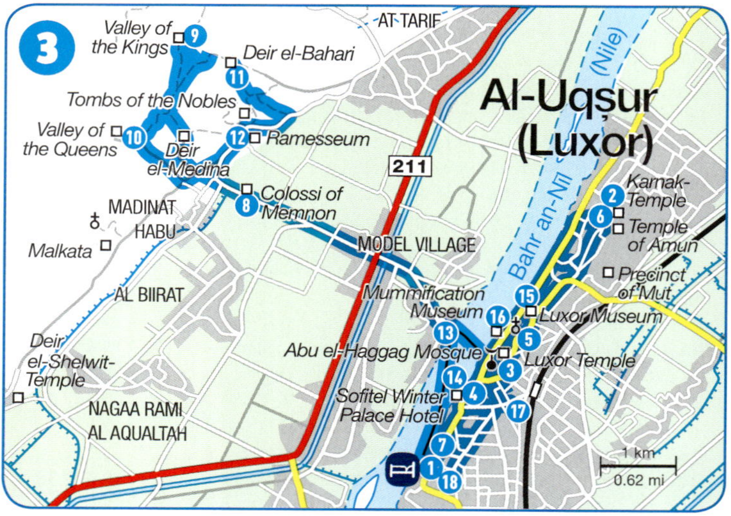

3 Valley of the Kings ⑨ · AT TARIF · Deir el-Bahari · ⑪ · Tombs of the Nobles · Valley of the Queens · ⑩ · Deir el-Medina · ⑫ · Ramesseum · 211 · Al-Uqṣur (Luxor) · Bahr an-Nil · (Nile) · ⑧ Colossi of Memnon · MADINAT HABU · Malkata · MODEL VILLAGE · ② Karnak-Temple · ⑥ · ① Temple of Amun · Precinct of Mut · AL BIRAT · Mummification Museum · ⑮ Luxor Museum · ⑯ ⑤ · ⑬ Abu el-Haggag Mosque · Luxor Temple · ③ · Deir el-Shelwit-Temple · ⑭ ④ · Sofitel Winter Palace Hotel · ⑰ · NAGAA RAMI AL AQUALTAH · ⑦ · ① · ⑱ · 1 km · 0.62 mi

4 NACHTWANDERUNG AUF DEN MOSESBERG

START: ➊ Katharinenkloster
ZIEL: ➊ Katharinenkloster

6,5 Stunden
reine Gehzeit
4,5–5 Stunden

Strecke: leicht
🦶 7,4 km .ıl Höhenmeter: 756 m

KOSTEN: Anfahrt von Sharm El-Sheikh ab 25 Euro, von Dahab ab 15 Euro/Person im voll besetzten Fahrzeug, beduinischer Führer ca. 17 Euro (mit Kamel ca. 25 Euro), Tee unterwegs 2 Euro
MITNEHMEN: Wanderschuhe, warme Kleidung, Taschenlampe, Proviant, Reisepass (wegen Checkpoints)

ACHTUNG: Wegen der Sicherheitskontrollen sind Sie am besten vier Stunden vor Sonnenaufgang am Katharinenkloster.
Der Aufstieg ist anstrengend, aber erfordert keine Höchstleistungen. Am Tag kann er ohne einen Führer unternommen werden, bei Nacht sollten Sie jedoch unbedingt einen beduinischen Guide anheuern. Nehmen Sie beim Abstieg den kürzeren Weg über den Sikket Sayyidna Musa nur, wenn Sie fit sind und belastbare Gelenke haben.

Der Aufstieg auf den Mosesberg gehört nicht nur für christliche, jüdische und muslimische Pilger zu den Höhepunkten einer Sinaireise. Besucher aus aller Welt bestaunen auf dem Gipfel in 2285 m Höhe den beeindruckenden Sonnenaufgang.

02:00 Früh am Morgen wird die nächtliche Stille vor dem ➊ **Katharinenkloster → S. 52** durch Stimmengewirr und eintreffende Autos beendet. Auf dem Parkplatz vor der Anlage herrscht Basarstimmung. Beduinen warten auf Kundschaft und wollen Sie überzeugen, für den Aufstieg ein Kamel zu mieten (für zwei Drittel der Strecke möglich, eher schwachen Gehern empfohlen).

Der Aufstieg auf den Berg Horeb, an dem Gott der Überlieferung nach Moses die Zehn Gebote übergab, **erfolgt über den ➋ Sikket Al-Basha**, den Weg des Paschas, mit Schotterserpentinen. Seine besondere Bedeutung bekam der Berg erst in christlicher Zeit, deshalb pilgern auch vorwiegend Christen auf seinen Gipfel. **In mondlosen Nächten laufen Sie im Stockfinsteren durch das Tal ➌ Wadi Al-Deir.** Unterwegs zum Gipfel passieren Sie etliche kleine Kioske, an denen Tee, Wasser und Kekse verkauft werden. Legen Sie also ruhig eine Erfrischungspause ein.

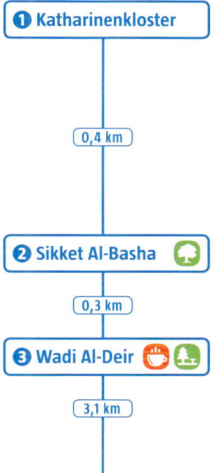

➊ Katharinenkloster

0,4 km

➋ Sikket Al-Basha

0,3 km

➌ Wadi Al-Deir

3,1 km

❹ Elias-Plateau 🌳

0,7 km

❺ **Kapelle der Heiligen Dreifaltigkeit** 🏠

0,6 km

❻ **Elias-Plateau** 🏠🌳☕🪑🌻

Vor dem Gipfel erreichen Sie das ❹ **Elias-Plateau,** das auch „Amphitheater der 70 Weisen" genannt wird, weil hier Moses' Begleiter zurückbleiben mussten. Imposante Granitfelsen umgeben den heiligen Ort. **Von hier aus sind es noch 750 anstrengende, weil ungleichmäßig hohe Stufen bis zur Spitze des Bergs.** Die Temperaturen liegen unter zehn Grad, ein kühler Bergwind weht. Ältere Pilger müssen sich auf den letzten Metern oft von Begleitern stützen lassen. An manchen Tagen erwarten mehrere Hundert Schaulustige den Sonnenaufgang. Viele staunen über den

nun sichtbaren Höhenunterschied, den sie in der Dunkelheit überwunden haben. Der Ausblick über den versteinerten Ozean, dessen Felsen in der Dämmerung minütlich die Farben wechseln, ist atemberaubend.

05:00 Auf dem Gipfel des **Gebel Musa** → S. 56, wie der Berg auf Arabisch heißt, **steht die ❺ Kapelle der Heiligen Dreifaltigkeit,** an deren Stelle sich Gott Moses in einer Feuerwolke offenbart haben soll. **An ihrer Nordmauer, hinter einem Eisenzaun, gibt es eine kleine Nische,** in die Moses sich ehrfurchtsvoll geduckt haben soll, als er Gott erblickte − in Spuren am Felsen glaubt man, die Abdrücke Moses' zu sehen. In der Nähe steht eine Moschee, die, genau wie die kleine Kirche, meist aber nicht für Besucher geöffnet ist.

Beim Abstieg geht es zunächst wieder hinunter zum ❻ Elias-Plateau, auf dem sich mehrere kleine Kapellen befinden. Die älteste Zypresse dort ist über 1000 Jahre alt. In der Stille dieses natür-

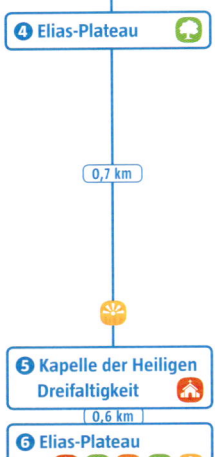

Saint Catherine National Park

❹

Monastery of St. Catherine

❶

1678   1805

W a d i   E l - D e i r

❷

Sikket Al-Basha

❸

(Camel Path)

Stairs of Repentance   Sikket Sayyidna Musa

❾

Gate of Confession

Chapel of Our Lady of the Steward

❽

Sikket Sayyidna Musa

Elijahs Gate

❼

Elijahs-Plateau

❻   2025   ❹

❺   Chapel of the Holy Trinity

2285
Ǧabal Mūsa
Mount Sinai

300 m
328 yd

Ein Abstieg zum Genießen ist die Rückkehr vom Gebel Musa ins Tal

lichen Amphitheaters hat der Prophet Elias der Überlieferung nach erstmals Gottes Stimme vernommen. Schmelz- und Regenwasser speist vom Herbst bis zum Frühjahr eine Quelle. Beduinen verkaufen warmen Tee – eine kleine Rast ist angesagt! Von der Rändern des Plateaus bieten sich spektakuläre Ausblicke auf den Sinai.

Der Abstieg über den ❼ **Sikket Sayyidna Musa,** den „Weg unseres Herrn Moses", **beginnt rechts neben einem kleinen steinernen Damm. Die Treppe, die Sie nun hinuntergehen, hat 2700 Stufen.** Sie wurde im 6. Jh. von einem Mönch in Erfüllung eines Gelübdes in den Fels gehauen. **Nach gut 300 m folgt das** ❽ **Eliastor** und **450 m weiter unten das** ❾ **Tor des Glaubens.** Pilger mussten bis ins 19. Jh. unter diesem Tor um Vergebung bitten, ehe sie zum Sündenerlass auf den Berggipfel vorgelassen wurden.

07:00 Der Abstieg (ca. 90 Minuten) führt Sie durch eine faszinierende Landschaft mit tollen Ausblicken auf das Kloster. Spätestens hier ist leicht vergessen, dass der Mosesberg nur einer von mehreren möglichen Schauplätzen der biblischen Legende vom Berg Sinai ist. Egal, einen erhabeneren Ort für dieses Ereignis kann es kaum geben. **Am Fuß angekommen,** besuchen Sie das ❶ **Katharinenkloster,** das älteste bewohnte christliche Kloster der Welt, bevor Sie nebenan auf ein einfaches Frühstück in der Cafeteria des **Guesthouse St. Catherine** → S. 56 einkehren.

0,3 km

❼ Sikket Sayyidna Musa

0,3 km

❽ Eliastor

0,5 km

❾ Tor des Glaubens

1,2 km

❶ Katharinenkloster

SPORT & WELLNESS

Das konstant warme Wasser des Roten Meers und seine über 1000 km Strand machen die Region zum Topziel für Wassersportler. Es gibt kein Hotel, das nicht mit entsprechenden Freizeitangeboten aufwartet oder sie vermittelt.

Den Stränden mancher Hotels sind Saumriffe vorgelagert, sodass Sie zum Baden woandershin gehen müssen. Erkundigen Sie sich vorher! Übers ganze Jahr verteilt finden in den Ferienzentren sportliche Events statt. Das Spektrum reicht von Angelwettbewerben bis hin zu Squash- und Tauchmeisterschaften.

GOLF

Der *El Gouna Golf Club (Tel. 065 3 58 00 09 | www.elgouna.com/things-to-do)* beim Steigenberger-Hotel ist von Lagunen umgeben. Für die Leser des „Golf Journals" gehört der Platz *The Cascades (www.thecascades.com)* vor Meeres- und Wüstenkulisse in der Soma Bay zu den Top 20 weltweit. In Sharm El-Sheikh können Sie im *Maritim Jolie Ville Golf & Resort (Tel. 069 3 60 32 00 | info@sgr-maritim-jolieville.com)* spielen, in 'Ain Sukhna im Hotel *Stella di Mare (www.stelladimare.com),* südlich von Taba in der Ferienanlage *Taba Heights (www.tabaheights.com/golf).* Das neueste Green wurde von John Sanford entworfen und befindet sich in der Makadi Bay *(Madinet Makadi Golf Resort | www.madinatmakadigolf.com).* Der Platz erstreckt sich über 6680 m und ist damit der längste in Ägypten. Dazu gibt es eine

Wer am Roten Meer und auf dem Sinai Langeweile hat, ist selbst schuld. Die besten Plätze für Ihren Lieblingssport finden Sie hier

gute Golfakademie und einen -laden. Spielern muss bewusst sein, dass Wasser in Ägypten ein rares Gut ist, weshalb sie bei der Hotelwahl darauf achten sollten, eine umweltfreundliche Unterkunft auszusuchen. In El Gouna bieten sich hierfür die Green-Star-Hotels an.

JETSKI, WASSERSKI, PARAGLIDING & KAYAKING

Auf dem Sinai sowie in und um Hurghada finden Sie überall Anbieter – auch fürs

trendige Wakeboarding. Südlich von El Quseir sind diese Aktivitäten zum Schutz der Unterwasserwelt oft nicht erlaubt. In Sharm El-Sheikh bietet das *Sun'N Fun Iberotel Palace (Tel. 069 3 66 11 11)* neben Wasser- und Jetski fahren auch Kneeboarding an. Am *White Knight Beach* können Sie Kayaks ausleihen.

REITEN

Neben Pferden werden auch Kamele zum Reiten angeboten. Sie brauchen sich nur an den Stränden und Promenaden umzuschauen. Längere Touren sollten Sie mit Beduinen organisieren, die sehr zuverlässige Begleiter sind, oder über Ihr Camp bzw. Hotel buchen. Ein Ausritt kostet zwischen 50 und 200 £E pro Stunde. Unbedingt vorher Sattel und Steigbügel überprüfen und nach einem Helm fragen! Bitten Sie, wenn das Tier abgemagert aussieht oder sich komisch verhält, um ein anderes. Empfehlenswert: der *Sea Horse Riding Club (Tel. 010 6 10 31 69)* in Sahl Hasheesh.

SEGELN

Stets weht eine kräftige Brise. Für Segler sieht es also gut aus. Mit der Einschränkung, dass der Wind für Anfänger oft ein bisschen zu heftig drückt. Dennoch, Hurghadas erste Segelschule eröffnete 2012 in Kooperation mit dem *Pro Center Tommy Friedl (Jasmin Village | Tel. 0100 6 67 28 11 | www.tommy-friedl.com)*. Die Kurse *(ab 200 Euro)* sind sehr entspannt, freitags gibt es eine Spaßregatta.

SURFEN

Die zunehmende Uferbebauung in Hurghada hat die ablandigen Winde zwar spürbar abgeschwächt, dennoch beliebt bei Surfern ist z. B. der Strand vor dem *Magawish Village (www.colonawater sports.com)*. Zu den besten Surfclubs gehören das *Pro Center Tommy Friedl (Tel. 010 06 67 28 11 | www.tommy-friedl.com)* im Jasmin Village sowie die *Giftun Soul Surfers (Tel. 065 3 46 24 56 | www. giftun-surfer.com)*. Als hervorragender Surfspot gilt die Dahab Bay, besonders auch für Anfänger. Dort werden die beiden *Surf & Action Center (Tel. 069 3 64 05 59 | www.harry-nass.com)* empfohlen. Zu den besten Surfgegenden des Landes zählen die Küsten um Safaga und Ras Sudr. Einen Anfängerkurs Windsurfen (inkl. Ausrüstung) bekommen Sie ab 200 Euro (fünf Mal 2 Std.).

Ägypten hat sich auch zu einer Topdestination für Kitesurfer entwickelt. Anfänger und Fortgeschrittene lieben das Revier am Roten Meer aufgrund des konstanten

Abwechslung vom Planschen gesucht? Dann rauf aufs See-Pferdchen!

Winds. Die meisten guten Stationen bieten auch Kitesurfen an. Die Top-Adresse ist *Kitesurf Adventure (Tel. 012 24 72 59 72 | www.kitesurf-adventure.de)* in El Gouna.

TAUCHEN

Vor allem für Anfänger ist es schwierig, sich für eine der vielen Tauchschulen zu entscheiden. Eine Hilfe können die verschiedenen Zertifikate sein. Überprüfen Sie, ob die Station nach den Richtlinien eines anerkannten Verbands arbeitet. Werfen Sie einen Blick in das Center: Ist es sauber und aufgeräumt? Wie sieht die Ausrüstung aus? Hervorragende Stationen, die auch auf Deutsch betreuen, sind in Sharm El-Sheikh die *Sinai Divers (www.sinaidivers.com)* sowie das *Shark's Bay (www.sharksbay.de)*, in Dahab die *Inmo Divers (www.inmodivers.de)*, in El Gouna die *Blue Brothers (www.bluebrothersdiving.de)* und in Hurghada das *Jasmin Diving Center (www.jasmin-diving.com)*. Am Golf von Aqaba befinden sich die Riffe oft in Ufernähe. Auf der Hurghada-Seite müssen Sie mit Booten zu ihnen rausfahren. Als Traumspots gelten unter Tauchern die ⭐ *Korallenriffe* vor der Küste südlich von El Quseir bis zum Sudan, die teilweise mehrere Stunden entfernt sind. Rund um Dahab sind die Spots *The Blue Hole*, ein 80 m tiefes Loch im Riff, *The Canyon* mit seinen Jahrmillionen alten vulkanischen Höhlen und für Anfänger *The Huts* empfehlenswert. Nahe Sharm El-Sheikh erfreuen sich die große und kleine Lagune vor der Insel Tiran, das *Gordon* und das *Jackson Riff* sowie *The Tower* großer Beliebtheit. Weiter südlich, bei El Quseir und Safaga, sind *The Brother Islands* sowie *Zabarga* und *Rocky Island* nahe Berenice besondere Highlights. Einsatzbereite Dekompressionskammern *(Hyperbaric Chambers)* gibt es in Sharm El-Sheikh, El Gouna, Hurghada und Marsa Alam. Fünf Tage Tauchen gibt es ab 230 Euro plus 35 Euro pro Tag für die Ausrüstung. Infos unter *www.taucher.net.*

WANDERN & TREKKING

In vielen Hotels und Camps werden Touren organisiert. Auf dem Sinai sind die wirklichen Spezialisten aber die Beduinen. Zusammen mit Sliman Abu Hmed bietet die Ethnologin Katrin Biallas **INSIDER TIPP** Wanderungen durch die Berge an. Auf ihrer Website *(www.sinai-bedouin.com* unter *Reisen/ Tipps 2)* empfiehlt sie Führer. 🌿 Ökologische Trips mit Kamel oder Mountainbike bietet in Dahab das *Centre for Sinai (Tel. 069 3 64 07 02 | www.centre4sinai.com.eg)* an, Touren mit Beduinen *Sub Sinai (Tel. 069 3 64 13 17 | www.subsinai.com)*. Zunehmend wird Ägypten Ziel von Hobbyornithologen. Die schönsten Vogelschutzgebiete finden Sie unter *short.travel/rot11.*

WELLNESS

Vor allem große Hotels bieten neben dem obligatorischen Fitnessbereich Spas und Wellness. Professionell aufgezogen hat das seinen stolzen Preis, wenn Sie sich etwa im Spa des *Four Seasons Resorts* (s. S. 44) in Sharm El-Sheikh eine exklusive Behandlung wie das „Arabian Coffee Ritual" (ca. 150 Euro) gönnen. Ob Ayurveda oder Thaimassage, in El Gounas *Spa 7ème Ciel (Bellevue Beach Hotel | www.facebook.com/spa7ciel)* legt man ebenso wie im Hotel *Oberoi Sahl Hasheesh* (s. S. 81) südlich von Hurghada Wert auf fachkundiges Personal aus Bali, Thailand und von den Philippinen. Thalassobehandlungen erhalten Sie u. a. im *The Westin Soma Bay Golf Resort & Spa* (s. S. 87) oder im *Steigenberger Al Dau Beach Hotel* (s. S. 82) in Hurghada.

MIT KINDERN UNTERWEGS

Nicht nur die Hotels haben sich mit speziellen Angeboten und Einrichtungen auf junge Gäste eingestellt, man wird Ihre Kids auch sonst überall willkommen heißen. Ägypter sind vernarrt in Kinder. Fast nirgendwo werden sie als störend oder deplaziert empfunden. Ausnahme: In feinen Lokalen mit Bar gibt es abends eine Altersbeschränkung. Ansonsten nehmen Einheimische ihren Nachwuchs überallhin mit. Sie können es genauso halten! Kindern wird alles nachgesehen. Das Schlimmste, was Ihnen also passieren kann, ist, dass sich Ihre Kids daran gewöhnen. In vielen Ferienanlagen gibt es Kids-Clubs, Spielplätze und Kinderpools, manchmal sogar einen Streichelzoo. Oft werden auch spezielle Tagesprogramme mit Betreuung angeboten. Lassen Sie Ihre Kinder auf gar keinen Fall allein umherstreifen. Außerhalb der Hotels lauern manchmal Unfallgefahren: nicht abgesicherte Baustellen oder Brunnen, metertiefe Löcher auf Ruinenfeldern oder herabhängende Stromkabel.

MOSCHEEN & MINARETTE

Entführen Sie Ihre Kinder in eine fremde Welt! Das Betreten der Gebetshäuser ist auch Nichtmuslimen möglich. Fast alle Moscheen am Roten Meer wurden erst in den letzten Jahrzehnten erbaut, ein historisches Kleinod dagegen ist die INSIDER TIPP *Sheikh al-Farran* (1704) an der Promenade in El Quseir – ein Topplatz, um ein bisschen was über den Islam zu erklären.

REITEN

Einige Reitschulen veranstalten Ponyreiten. In Camps und Hotels, die mit Beduinen zusammenarbeiten, wird Kindern das Reiten auf dem Kamel beigebracht. Im *Yalla Horsestable (www.yallahorse. com)* in El Gouna können Sie Ihre Kleinen für 24 Euro pro Stunde sogar auf Eseln reiten lassen. Auch der Stall im *Mövenpick Resort El Quseir (s. S. 92)* bietet Pferde- und Kamelreiten unter fachkundiger Anleitung an. Der *Mövenpick Horse Stable (short.travel/rot21)* des Resorts in Sharm El-Sheikh hat kinderfreundliche Ponys.

SAFARIS

Ein- bis zweitägige Safaris in die Wüste oder in die Berge eignen sich auch gut als Abenteuer für die Kleinen – mit Lagerfeuern und Nächten im Schlafsack unter freiem Himmel! Die beduinischen Führer

sind um die Sicherheit Ihres Nachwuchses besorgt, als wäre es ihr eigener. Besonders einfach können Sie diese Safaris in den Badeorten und Hotels auf dem Sinai buchen. Mehrtägige Kameltouren sind dagegen strapaziös, nehmen Sie daher am besten einen Jeep! Von den Küstenorten am Golf von Aqaba aus können Sie solch eine Tour mit einem Abstecher zum *Coloured Canyon* (s. S. 41) verbinden. In der tollen Landschaft werden sich Ihre Kinder wie in einem Abenteuerfilm fühlen.

SCHLITTSCHUHLAUFEN

Schlittschuhlaufen in der Wüste ist unter Umweltaspekten kritisch zu bewerten. Aber sollte den Kindern die Hitze zu stark und der Strand zu langweilig sein, kann es zu einem Spaß für die ganze Familie werden. In Sharm El-Sheikh fahren Sie zur *Soho Square Eisbahn (tgl. 7–24 Uhr | Eintritt ab 70 £E | Tel. 010 00 10 91 09 | www. soho-sharm.com/sharm-ice-skating).*

VERGNÜGUNGSPARKS

Ein Tag im Spaßbad ist nicht billig (Tageskarte ab 20 Euro), kommt aber bei Kindern immer gut an. Die größten Bäder am Roten Meer sind der *Titanic Aquapark* und der *Cleopark*. Zu den Rennern im *Titanic Aquapark (tgl. 10 Uhr bis Sonnenuntergang | Safaga Road | neben dem Hotel Ali Baba Palace | www.titanicgroup.com)* in Hurghada gehören die Wasserrutschen, von denen es ein gutes Dutzend gibt. In Sharm El-Sheiks *Cleopark (tgl. 10 Uhr bis Sonnenuntergang | Eintritt 210 £E | hinter dem Hotel Hilton Sharm Dreams | Naama Bay | Tel. 069 3 60 44 00 | www. cleopark.net)* ist alles pharaonisch gestaltet, die Rutschen tragen Namen wie „Die Trophäe der Königin" oder „Skorpionenattacke". „Kleopatras Bad" ist ein Wellenpool. Die *Kid's Arcade (tgl. 16–24 Uhr | Eintritt 25 £E | Soho Square)*, ebenfalls in Sharm El-Sheikh, ist ein beliebter Tobeort. Rutschen, Karussells, ein Spielplatz und eine Flut an Spielzeug warten.

EVENTS, FESTE & MEHR

Im Fastenmonat Ramadan verzichten die gläubigen Muslime des Landes von Sonnenaufgang bis -untergang auf Speisen, Getränke, Sex, Parfüm und Nikotin. Alle Ämter schließen zwei bis drei Stunden vor Sonnenuntergang, damit die Angestellten pünktlich zum Fastenbrechen, dem *Iftar-Mahl*, zu Hause am Esstisch sitzen. Wenn Sie höflich sein möchten, verzichten Sie darauf, in Gegenwart von fastenden Ägyptern zu essen, zu trinken oder zu rauchen. Der Beginn des Ramadan hängt vom Erscheinen des Neumonds ab, dessen Sichel mit bloßem Auge erkennbar sein muss. Da sich der gesamte islamische Kalender nach dem Mond richtet, sind die Daten aller religiösen Feiertage nur ungefähre Richtwerte. Ein besonderer Festtag ist *Eid Al-Adha*. Symbolisch gesehen danken die Moslems bei diesem Opferfest Allah dafür, dass Abraham anstelle seines Sohns Isaac ein Lamm opfern durfte. Traditionell kaufen gläubige Moslems für das Fest ein geschlachtetes Jungschaf und bereiten es im großen Familienkreis zu.

Typisch ägyptisch sind die Heiligenfeste, die *Moulids*: Die Plätze vor den Moscheen werden dann geschmückt, bunte Umzüge veranstaltet. Es herrscht Jahrmarktatmosphäre. Mehrere Tage lang treten Schlangenbeschwörer und Feuerschlucker auf.

RELIGIÖSE FESTE

7. Jan. *Koptische Weihnachten;* **1. Dez. 2017, 20. Nov. 2018, 9. Nov. 2019** *Moulid Al-Nabi:* Geburtstag des Propheten Mohammed; **März/April** *Koptisches Osterfest;* 1. Montag nach dem koptischen Osterfest *Sham Al-Nessim:* Frühlingsfest, übersetzt etwa: der Duft der Frühlingsbrise; **15. Juni 2018, 5 Juni 2019** *Eid Al-Fitr*: Fest zum Ende des Ramadan, drei Tage arbeitsfrei; **21.–24. Aug. 2018, 11–14. Aug. 2019** *Eid Al-Adha*: Opferfest, vier, selten fünf Tage arbeitsfrei; **22. Sept. 2017, 11. Sept. 2018, 31. Aug. 2019** *Ras As-Sanna:* Islamisches Neujahrsfest

MOULIDS

JUNI/JULI

`INSIDER TIPP` *Moulid Abu Al-Haggag*: Fest des Lokalheiligen Abu Al-Haggag Al-Uqsuri; Luxors Muslime und Christen feiern mit alten pharaonischen Traditionen.

OKTOBER

`INSIDER TIPP` *Moulid Sheikh Abul Hassan el-Shazli*: Die Wallfahrt zum Grab des als Sayyed el-Shazli verehrten Sufi-Scheichs (145 km südwestl. von Marsa Alam) beginnt ca. zwei Wochen vor dem Opferfest.

Zwischen Religion, moderner Kunst und Tourismus: Traditionelle und neue Festivals bieten etwas für Auge, Geist und Fitness

JANUAR/MÄRZ

INSIDER TIPP *South Sinai Camel Festival*: das Ascot der Beduinen, mit Kamelrennen am Katharinenkloster (Januar) und in Sharm El-Sheikh (März)

MÄRZ

Sharm Half Marathon: An dem Lauf in Sharm El-Sheikh können Männer und Frauen teilnehmen. Die Startgebühr beträgt 35 Euro. www.egyptianmarathon.com

APRIL

International Squash Open El Gouna: hochklassig besetztes, achttägiges Turnier, Tickets: www.elgounasquashopen.com
Tour d'Egypte: In vier Tagen strampeln Radrennfahrer bei der „GBI Red Sea Tour" von Kairo nach El Gouna.

APRIL/ MAI

Oshtoora-Festival: Experimentelle Kunst, Musik und Kitesurfen stehen im Mittelpunkt des alternativen Campingfestivals, das ein hippes Völkchen für mehrere Tage nach Ras Sudr lockt. www.oshtoora.com

JULI/AUGUST

Tourism & Shopping Festival: Alljährlich lockt das Tourismusministerium Gäste ins Land, indem Hotels und die Fluggesellschaft Egypt Air Ermäßigungen auf Zimmerpreise und Flugtickets gewähren.

NATIONALE FEIERTAGE

1. Januar	Neujahrstag
25. April	Befreiung des Sinai
1. Mai	Tag der Arbeit
18. Juni	Jahrestag des Abzugs der britischen Truppen
23. Juli	Jahrestag der Revolution von 1952
6. Oktober	Jahrestag der Überquerung des Suezkanals im Oktoberkrieg 1973

LINKS, BLOGS, APPS & CO.

LINKS & BLOGS

www.marcopolo.de/rotesmeer-sinai Alles auf einen Blick zu Ihrem Reiseziel: Interaktive Karten inklusive Planungsfunktion, Impressionen aus der Community, aktuelle News und Angebote …

www.kairo-netz.de Portal über Ägypten mit Infos zu einzelnen Regionen, Ausflugszielen und Touranbietern, viele Hoteltipps. Auch eine gute Adresse, um Ferienwohnungen oder Apartments zu finden

www.red-sea.com Informationsquelle und Suchmaschine zugleich. Urlauber werden mit nützlichen Links, Reisetipps und Infos zum Wassersportangebot und zu Tauchmöglichkeiten versorgt

www.qantara.de Das arabische Wort *Qantara* bedeutet Brücke und diese schlägt die u. a. von Deutscher Welle und Goethe-Institut getragene, anspruchsvolle Seite, indem sie politische, kulturelle und viele andere Themen aus nahöstlicher und europäischer Sicht beleuchtet

www.sharmweb.net Hier finden Sie eine interaktive Karte von Sharm El-Sheikh, Satellitenbilder, Zoom-in-Karten sowie kompakte Infos und Bewertungen zu Shoppingadressen, Restaurants, kostenlosen WLAN-Hotspots, Supermärkten, Bars und Clubs. Besonders interessant ist die Liste wichtiger geografischer Punkte sowie der besten Tauchspots mit genauer Lage und kurzer Beschreibung

www.kairofamiliennetz.de Deutschsprachiges Informations- und Kommunikationsnetz, durch das Sie schnell an Infos über und Kontakte in Ägypten gelangen: Hoteltipps und Ratschläge für einen gelungenen Familienurlaub sowie Adressen für die Anmietung von Ferienwohnungen und -häusern

www.taucher.net Netzwerk für Taucher und Wassersportler. Gibt man den Suchbegriff „Rotes Meer" ein, erscheint neben vielen Urlaubstipps, Tauchtourenvorschlägen und Links auch eine Fotodatenbank mit über 150 Reisebildern

Egal, ob für Ihre Reisevorbereitung oder vor Ort: Diese Adressen bereichern Ihren Urlaub. Da manche sehr lang sind, führt Sie der short.travel-Code direkt auf die beschriebenen Websites. Falls bei der Eingabe der Codes eine Fehlermeldung erscheint, könnte das an Ihren Einstellungen zum anonymen Surfen liegen

facebook.com/experienceegypt Ägyptenfans tauschen Bilder, Links, Videos und Veranstaltungshinweise aus. Die Facebook-Gruppe entstand während der Revolution als Initiative junger Ägypter, die dem Tourismus wieder auf die Sprünge helfen wollten

www.hurghada.com/map.aspx Interaktive Karte, die von Hurghada über Sahl Hasheesh bis nach Safaga reicht. So finden Sie schnell Hotels, Restaurants, Bars und Tankstellen. Mit Zoom-Funktion

www.hurghadablog.blogspot.de Unter dem Pseudonym *Al Qamar*, der Mond, beschreibt eine in Hurghada lebende Deutsche amüsant und informativ, was sie im Alltag so erlebt – und das ist einiges, schon weil sie viel mit dem Rennrad unterwegs ist

www.travelblog.org/Africa/Egypt/Sinai Hier finden Sie über 350 Blogeinträge zu Dahab sowie einige Berichte über Taba und Nuweiba. Zudem nützliche Tipps zum Thema Trekking rund um das Katharinenkloster und über 4000 Fotos vom Sinai

VIDEOS & MUSIK

short.travel/rot17 Hörprobe 1: *Arabian Knightz (www.facebook.com/arabian knightz.ak)* gehören zu den ersten ägyptischen Rappern

short.travel/rot18 Hörprobe 2: Der Sound des Sinai. Beduinen besingen „ibnattan arabyattan", ein arabisches Mädchen

www.gr8tunes.com Auf dem Radioportal hat man die Auswahl: von klassisch-ägyptischer Musik von Umm Kalthoum bis zu angesagtem Arab Hip-Hop. Auch als App

APPS

1000 Fische Eine App (iOS, Android), mit der man schnell herausfinden kann, welche Fischart man gerade beim Tauchen gesehen hat

Nemo Arabisch Arabische Wörter suchen oder auch täglich ein paar Vokabeln trainieren – die App ist ein äußerst hilfreicher Reisebegleiter

Tripwolf Reise Gratis-App mit Karten und Augmented-Reality-Funktion. Sie erhalten für die Region aktuelle Infos, Reisetipps der Community und Inhalte aus dem Marco Polo. Zudem können Sie selbst Kritiken schreiben und Fotos hochladen

ANREISE

 Internationale Fluggesellschaften, Linie wie Charter, bieten günstige Flüge nach Sharm El-Sheikh, Hurghada und Marsa Alam an, mit etwas Glück gibt es die Tickets schon ab 230 Euro. Die maximale Aufenthaltsdauer beträgt 31 Tage, es kann vor Ort verlängert werden. Direktflüge mit *Egypt Air (Tel. 0900 7 00 00 | www.egyptair.com)* ans Rote Meer sind die Ausnahme, sie kosten ab 450 Euro. Günstige Flüge finden Sie selten bei den Airlines selbst, sondern eher über Suchportale wie *www.swoodoo.com*, *www.momondo.de* oder *www.check24.de*. Von Deutschland aus ans Rote Meer beträgt die reine Flugzeit zwischen 3 und 4 Stunden.

GRÜN & FAIR REISEN

Auf Reisen können auch Sie viel bewirken. Behalten Sie nicht nur die CO_2-Bilanz für Hin- und Rückreise im Hinterkopf *(www.atmosfair.de; de.myclimate.org)* – etwa indem Sie Ihre Route umweltgerecht planen *(www.routerank.com)* – , sondern achten Sie auch Natur und Kultur im Reiseland *(www.gate-tourismus. de; www.ecotrans.de)*. Gerade als Tourist ist es wichtig, auf Aspekte wie Naturschutz *(www.nabu.de; www. wwf.de)*, regionale Produkte, wenig Autofahren, Wassersparen und vieles mehr zu achten. Wenn Sie mehr über ökologischen Tourismus erfahren wollen: europaweit *www.oete.de*; weltweit *www.germanwatch.org*

AUSKUNFT

Die offizielle Website des ägyptischen Tourismusministeriums, *www.egypt.tra vel*, bietet viele Informationen rund um das Land.

AUTO

Im Straßenverkehr gelten theoretisch ähnliche Regeln wie in Europa. Die Ägypter halten sie allerdings kaum ein. Die Hauptstraßen sind schlecht ausgeschildert, dafür aber gut ausgebaut. Rechnen Sie stets damit, dass Ihnen auf Landstraßen Esel, Kamele und nachts Autos und Lkw ohne Licht entgegenkommen. Ein internationaler Führerschein ist für Ausländer Pflicht.

BANKEN & GELD

Banken öffnen in der Regel sonntags bis donnerstags von 8.30 bis 14 Uhr und von 18 bis 21 Uhr (im Winter von 17 bis 20 Uhr). Sie tauschen die gängigen Devisen ein. An Geldautomaten erhalten Sie problemlos Bargeld mit der Kreditkarte (Visa, Mastercard) bzw. auch mit der Girocard, wenn diese das Maestro- oder Cirrus-Logo trägt. Auch an Bankschaltern bekommen Sie mit der Kreditkarte Geld. Diese wird außerdem in vielen Restaurants und Geschäften akzeptiert. Bei Verlust rufen Sie die 24-Stunden-Hotline des Ausstellers in Europa an. An entlegene Orte sollten Sie lieber Bargeld mitnehmen. Heben Sie Umtauschbelege gut auf. Geldrücktausch ist möglich und angeraten; außerhalb des Landes ist das ägyptische Pfund so gut wie nicht eintauschbar. Wegen Pfundabwertung und Devisenknappheit blüht der Schwarzmarkt für den Umtausch.

Von Anreise bis Zoll

Urlaub von Anfang bis Ende: die wichtigsten Adressen und Informationen für Ihre Reise ans Rote Meer und in den Sinai

DIPLOMATISCHE VERTRETUNGEN

DEUTSCHE BOTSCHAFT

2 Sharia Berlin/Sharia Hassan Sabri | Zamalek | Kairo | Tel. 02 27 28 20 00 | www. kairo.diplo.de

ÖSTERREICHISCHE BOTSCHAFT

5 Sharia Wissa Wassef/Sharia El-Nil | El-Riad Tower | Giza | Kairo | Tel. 02 35 70 29 75 | www.bmeia.gv.at/botschaft/kairo.html

BOTSCHAFT DER SCHWEIZ

10 Sharia Abd Al-Khaliq Tharwat | Downtown | Kairo | Tel. 02 25 75 82 84 | www. eda.admin.ch/cairo

ÄGYPTISCHE KONSULATE IN DEUTSCHLAND, ÖSTERREICH UND DER SCHWEIZ

– Stauffenbergstraße 6–7 | Berlin | Tel. 030 47 90 18 80 | www.egyptian-embassy.de – Hohe Warte 54 | Wien | Tel. 01 3 70 81 08 | www.egyptembassyvienna.at – Elfenauweg 61 | Bern | Tel. 031 3 52 80 12

EINREISE

Ihr Reisepass muss über die Reise hinaus mindestens noch für sechs Monate gültig sein. Das Visum erhalten Deutsche, Schweizer und Österreicher in Ägypten für 25 Euro direkt am Flughafen. Im Flugzeug werden dafür weiße Karten verteilt, die Sie ausfüllen und später bei der Passkontrolle vorlegen. Die Visamarken zum Einkleben in den Pass gibt es an den Bankschaltern vor der Passkontrolle. Das vor Ort ausgestellte Visum ist vier Wochen lang gültig. Bei der Einreise über Taba/Eilat erhalten Sie ein Visum, das nur für 14 Tage und nur für die Sinai-Ostküste bis einschließlich Sharm El-Sheikh und Katharinenkloster gilt (aber nicht bis Ras Mohammed und auch nicht für das Festland-Ägypten). Wer von einem Israel- oder Jordanienausflug wieder zurück nach Ägypten einreisen will, braucht ein *Re-entry*-Visum, das Sie vor der Reise bei den ägyptischen Konsulaten in Ihrem Heimatland beantragen. In absoluten Ausnahmefällen wird der Personalausweis mit extra Passfoto anerkannt.

WÄHRUNGSRECHNER

€	EGP	EGP	€
1	16,59	5	0,30
2	33,19	7	0,42
3	49,79	10	0,60
4	66,38	20	1,20
5	82,98	25	1,50
7	116,17	30	1,80
8	132,77	150	9,00
9	149,37	400	24,00
10	165,96	750	45,01

FOTOGRAFIEREN

Außer Militäranlagen sowie Häfen, Brücken, Bahnhöfen und Flugplätzen dürfen Sie alles fotografieren. Personen fragen Sie mit einer freundlichen Geste, ob Sie sie fotografieren dürfen. In vielen Museen müssen Sie fürs Fotografieren zahlen oder die Kamera abgeben.

FRAUEN

Touristinnen werden oft von ägyptischen Männern angesprochen und umworben.

Das kann lästig sein, gefährlich ist es in der Regel nicht. Vermeiden Sie dennoch alles, was Ihrem Gegenüber Hoffnung auf eine Affäre machen könnte. Sagen Sie notfalls, Sie seien verheiratet, tragen Sie einen (geborgten) Ehering. Vermeiden Sie Körperkontakt und verzichten Sie auf Fahrten in öffentlichen, meist überfüllten Bussen; Grapscher haben Dauerkarten. In aufdringlicheren Situationen werden Sie einfach so laut, dass alle Umstehenden Sie hören können. Man wird Ihnen schnell helfen. Menschenansammlungen wie z. B. Demonstrationen sollten Frauen aber unbedingt meiden, denn es kam dabei in den letzten Jahren zu drastischen Übergriffen.

GESUNDHEIT

Spezielle Schutzimpfungen sind nicht vorgeschrieben. Es ist allerdings ratsam, gegen Tetanus und Kinderlähmung geimpft zu sein. In ländlichen Gebieten besteht das Risiko, sich mit Hepatitis A anzustecken. In stehenden Gewässern über Land und im Nil nicht baden: Bilharziose-Gefahr! Essen Sie nur geschältes oder gründlich gewaschenes Obst und Gemüse. Das Leitungswasser eignet sich in Ägypten nicht zum Trinken. Mineralwasser gibt es überall billig zu kaufen. Die medizinische Versorgung in Hurghada und Sharm El-Sheikh ist maximal zufriedenstellend. Fast alle Medikamente sind erhältlich. In kleineren Orten finden Sie immer Ärzte, aber das nächste Krankenhaus kann weit entfernt sein. Lassen Sie schwerere Erkrankungen nach Möglichkeit nicht in Ägpten behandeln. Alle Behandlungen müssen Sie direkt bezahlen. Schließen Sie eine Reisekrankenversicherung ab, die den Krankenrücktransport übernimmt, sobald dies medizinisch sinnvoll ist (und nicht erst, wenn es notwendig ist).

INTERNET & WLAN

In den meisten Orten gibt es Highspeedinternet-Cafés *(10–50 £E/Stunde)*. Am besten kaufen Sie sich für Ihr Smartphone/Tablet eine der billigen Prepaid-(Daten-)Karten, die bei den Verkaufsstellen von Vodafone, Orange und Etisalat sowie in Supermärkten erhältlich sind. Viele Restaurants und Cafés haben WLAN, Hotels verlangen oft horrende WLAN-Gebühren.

KLEIDUNG

Leichte, luftige Kleidung eignet sich am besten. Im Winter sollten Sie ein paar warme Sachen dabeihaben, besonders wenn Sie Übernachtungen in den Bergen des Sinai oder in der Wüste planen. Außerdem ist festes Schuhwerk empfehlenswert. Die meisten Ägypter finden Shorts bei Männern lächerlich, aber in den Urlaubsorten sind sie an den Anblick gewöhnt.
Die ägyptische Gesellschaft ist konservativ. Wenn Sie das als Frau respektieren möchten, vermeiden Sie außerhalb der Badeorte sehr körperbetonte Kleidung, Miniröcke und schulterfreie Tops! Kurzärmelig ist okay. In den Strandhotels haben sich westliche Kleidungssitten eingebürgert.

MIETWAGEN

In den Badeorten vermieten internationale Anbieter (u. a. Hertz, Avis und Sixt) Wagen zu europäischen Preisen, sie haben meistens Niederlassungen in besseren Hotels und an den Flughäfen. Die Hauptverkehrsstraßen rund ums Rote Meer sind sehr gut ausgebaut und durchaus touristenfreundlich. Sollten Sie abenteuerliche Touren in den Zentralsinai vorhaben, dann empfiehlt es sich, einen Geländewagen (4WD) zu mieten, am besten mit einem ortskundigen Fahrer. Wer bereits Erfahrung offroad hat, kann auch mit einem Mietauto die Wüste ganz individuell (aber niemals ohne zweites Fahrzeug) erkunden. Versichern Sie Ihr Auto immer Vollkasko ohne Selbstbeteiligung. Vorsicht bei kleinen lokalen Anbietern, die häufig wahre Schrottlauben vermieten.

MINEN

An den Küsten des Roten Meers sowie in den Wüsten und Bergen des Hinterlands liegen immer noch Minen aus den Kriegen seit 1967. Verlassen Sie die Wege nur in ortskundiger Begleitung, nehmen Sie Warnschilder und Absperrungen ernst und gehen Sie nur an Stränden ins Wasser, an denen das Baden üblich ist.

NOTRUF

Polizei: Tel. 122; Feuerwehr: Tel. 125; Notarzt: Tel. 123

ÖFFENTLICHE VERKEHRSMITTEL

Von Marsa Alam, El Quseir, Safaga und Hurghada/El Gouna sowie von Taba, Nuweiba, Dahab, Sharm El-Sheikh und vom Katharinenkloster aus fahren Linienbusse nach Kairo und zurück sowie auch zwischen den Orten, meistens mehrmals täglich. Sie sind bequem und billig. Ab Hurghada und Safaga verkehren täglich mehrere Linienbusse Richtung Luxor. Die zwei besten und zuverlässigsten Busfirmen: *Go Bus (Tel. 065 3 54 97 02 | go-bus.com)* deckt die ganze Küste von Safaga über Hurghada, El Gouna bis Kairo ab, und die *East Delta Bus Company (Tel. 022 2 58 61 37 | www.bus.com.eg)* operiert vorwiegend im Sinai. Fahrkarten besser einen Tag im Voraus besorgen! Die Tickets können Sie telefonisch über die Servicehotlines reservieren, über die Hotelrezeption buchen oder in den

WAS KOSTET WIE VIEL?

Bier	**ab 2 Euro** *für eine Flasche*
Tauchen	**ab 260 Euro** *für einen Fünf-Tage-Kurs*
Tee	**ab 25 Cent** *für ein Glas*
Imbiss	**ab 30 Cent** *für ein Falafel-Sandwich*
Souvenir	**ab 15 Euro** *für eine Wasserpfeife*
Bus	**ab 12 Euro** *für die Überlandstrecke Hurghada–Luxor*

jeweiligen Büros der Busfirmen in den Ferienorten kaufen.

Die *Fähre Hurghada–Sharm El-Sheikh (Tel. 012 02 22 27 83 | www.lapespes.com)* legt sonntags, dienstags und donnerstags um 8 Uhr zur knapp 2,5-stündigen Fahrt ab und verlässt Sharm El-Sheikh an denselben Tagen um 18 Uhr wieder. Eine einfache Fahrt kostet 350 *£E*, für Hin- und Rückfahrt bezahlen Sie 630 *£E*.

Inlandsflüge mit der staatlichen Fluggesellschaft *Egypt Air (www.egyptair.com)* sind teilweise sehr günstig, seit nach internationalem Vorbild Frühbuchertarife eingeführt wurden.

POST

Die Postämter sind außer freitags täglich von 8 bis 15 Uhr geöffnet. Stecken Sie Post nur in die Briefkästen an den Postämtern oder geben Sie sie im Hotel ab!

PREISE & WÄHRUNG

Ägypten ist ein billiges Reiseland, doch nur außerhalb der Hotels. Das Ägyptische Pfund (£E oder EGP) ist in 100 Piaster (Pt) unterteilt. Gebühren, Eintritts- und Ticketpreise werden oft auch in Euro oder US-Dollar angegeben. Doch Sie können immer zum Tageskurs in EGP bezahlen. Hotels müssen Sie mit Kreditkarte oder in harter Währung (u. a. Euro, US-Dollar) bezahlen. Fragen Sie bitte vorher nach.

REISEZEIT

Die beste Reisezeit ist zwischen Ende September und April. In den übrigen Monaten sind 30 bis 36 Grad Höchsttemperatur normal. Von Dezember bis Februar kann es nachts, aber auch tagsüber, kalt sein.

SICHERHEIT

Ägyptens Kriminalitätsrate ist gering. Dennoch ist es unerlässlich, dass Sie sich vor Ihrem Urlaub gut informieren, ob es eventuell Einschränkungen bei Reisen durchs Land gibt und ob Sie eventuell Sicherheitsvorkehrungen treffen sollten. In Oberägypten (u. a. Region Luxor) und an der Festlandküste des Roten Meers sowie im Südsinai (Sharm El-Sheikh, Dahab, Nuweiba, Taba, Katharinenkloster) schien die Lage zuletzt stabil zu sein, anders als im Nordsinai, der touristisch wenig relevanten Mittelmeerregion um Al Arish, in der sich der „Islamische Staat" und Ableger eingenistet haben. Aktuelle Informationen finden Sie unter *www.auswaertiges-amt.de* und *www.kairo.diplo.de*.
Auf Märkten und im Gewühl der Touristenbasare gilt: Vorsicht vor Taschendieben! In sehr seltenen Fällen wurden Ausländer in den letzten Jahren in Großstädten auf der Straße überfallen und ausgeraubt.

WETTER IN HURGHADA

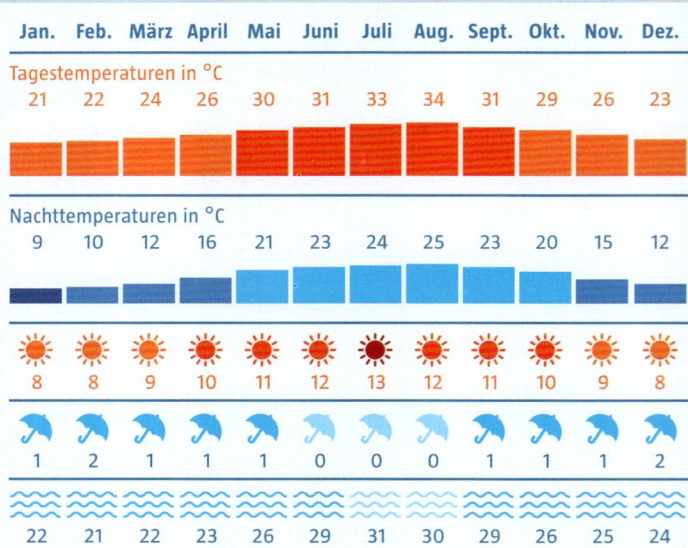

	Jan.	Feb.	März	April	Mai	Juni	Juli	Aug.	Sept.	Okt.	Nov.	Dez.
Tagestemperaturen in °C	21	22	24	26	30	31	33	34	31	29	26	23
Nachttemperaturen in °C	9	10	12	16	21	23	24	25	23	20	15	12
☀	8	8	9	10	11	12	13	12	11	10	9	8
☂	1	2	1	1	1	0	0	0	1	1	1	2
≈	22	21	22	23	26	29	31	30	29	26	25	24

STROM

Die Netzspannung beträgt 220 V, Adapter sind oftmals nötig.

TAXI

Für Taxifahrten in den Bade- und Urlaubsorten fragen Sie am besten an der Hotelrezeption nach den gängigen Tarifen. Taxis haben Taxameter, aber die Fahrer ignorieren sie oder schalten sie nur auf Drängen ein. Uber ist per App in größeren Orten verfügbar.

Zwischen vielen Orten fahren billige Sammeltaxis. Fragen Sie in Ihrem Hotel danach. Längere Privattaxitouren mögen ein paar Hundert Pfund kosten, aber wenn sich mehrere Personen den Preis teilen, lohnt sich das zuweilen.

TELEFON & HANDY

Die Ländervorwahl für Ägypten ist 0020, für Deutschland 0049, für Österreich 0043, für die Schweiz 0041.

Gespräche vom Hotelfestnetz nach Europa sind mit 1 Euro/Minute und mehr sehr teuer. Wenn Sie vom mitgebrachten Handy aus anrufen, vervielfacht sich dieser Preis. Deutlich billiger telefonieren Sie mit Ihrem Handy innerhalb Ägyptens, wenn Sie sich eine ägyptische, beliebig nachladbare Prepaid-SIM-Karte (Anbieter Orange, Vodafone, Etisalat) kaufen. Die Minute nach Europa kostet ab 0,20 Cent.

TREKKING

Trekking im Sinai ist ein besonderes Erlebnis. In der Zeit von März bis April sowie von September bis Oktober ist das Klima am angenehmsten. Tagsüber wird es zwischen 30 und 35 Grad heiß, nachts kühlt es sich auf 7 bis 12 Grad ab. In der Region rund um das Katharinenkloster sind außer für Halbtagestouren ortskundige Beduinenführer Pflicht. Sheikh Mussa, der lokale Beduinenscheich, regelt die Registrierung, Anmeldung und Einteilung der Guides *(Tel. 069 3 47 04 57)*.

Notwendiges Equipment: Sonnenschutz, Moskitospray, Schlafsack, Taschenmesser, Toilettenpapier, Batterien, Feuerzeug, warme Kleidung für kalte Wüstennächte im Zelt und bequeme Wanderschuhe.

TRINKGELD

In Restaurants sind 5 bis 10 Prozent der Rechnungssumme üblich. Wenn Ihr Kellner nicht derjenige ist, der auch kassiert, geben Sie ihm extra ein bis zwei Pfund! Gepäckträger bekommen etwa 15 bis 20 £E, Zimmerreiniger 15 £E pro Tag.

ZEIT

In Ägypten gilt die osteuropäische Zeit (MEZ + 1 Std.). Die Sommerzeit wurde abgeschafft. Der Zeitunterschied hebt sich somit während der mitteleuropäischen Sommerzeit auf.

ZOLL

Dinge des persönlichen Bedarfs inkl. 1 l Parfüm, bis zu 200 Zigaretten oder 250 g Tabak und 1 l Spirituosen oder 2 l Alkohol mit max. 22 Vol.-% bzw. 4 l Schaumwein sind bei Einreise zollfrei. Bis zwei Tage nach Einreise dürfen im Duty Free weitere 3 l Spirituosen gekauft werden. Es ist strikt untersagt, Antiquitäten sowie Tiere und Pflanzen, die unter Natur- und Artenschutz stehen, auszuführen. Bei Wiedereinreise in die EU sind z. B. 200 Zigaretten, 2 l Wein, 1 l Spirituosen und sonstige Waren im Wert von bis zu 430 Euro zollfrei. Für die Schweiz gelten andere Freigrenzen, siehe *www.ezv.admin.ch*.

SPRACHFÜHRER ENGLISCH

AUSSPRACHE

Zur Erleichterung der Aussprache sind alle englischen Wörter mit einer einfachen Aussprache (in eckigen Klammern) versehen. Folgende Zeichen sind Sonderzeichen:

θ   hartes [s] (gesprochen mit Zungenspitze an der oberen Zahnreihe, zischend)

D   weiches [s] (gesprochen mit Zungenspitze an der oberen Zahnreihe, summend)

'   nachfolgende Silbe wird betont

ə   angedeutetes [e] (wie in „Bitte")

AUF EINEN BLICK

ja/nein/vielleicht	yes [jäs]/no [nəu]/maybe [mäibi]
bitte/danke	please [plihs]/thank you [θänkju]
Entschuldigung!	Sorry! [sori]
Entschuldigen Sie!	Excuse me! [Iks'kjuhs mi]
Wie bitte?	Pardon? ['pahdn?]
Ich möchte .../Haben Sie ...?	I would like to ... [ai wudd 'laik tə]/ Have you got ...? ['Həw ju got?]
Wie viel kostet ...?	How much is ...? ['hau matsch is?]
gut/schlecht	good [gud]/bad [bäd]
kaputt/funktioniert nicht	broken ['brəukən]/doesn't work ['dasənd wörk]
Rechnung/Quittung	invoice [,inwois]/receipt [ri'ssiht]
alles/nichts	everything ['evriθing]/nothing [naθing]
Hilfe!/Achtung!/Vorsicht!	Help! [hälp]/Attention! [ə'tänschən] Caution! ['koschən]
Krankenwagen	ambulance ['ämbjulənts]
Polizei/Feuerwehr	police [po'lihs]/fire brigade [faiə brigäid]
Verbot/verboten	ban [bän]/forbidden [fohr'biddän]
Gefahr/gefährlich	danger [deinschər]/dangerous ['deinschərəss]
Darf ich Sie/hier fotografieren?	May I take a picture of you? [mäi ai täik ə 'piktscha of ju?]/May I take pictures here? [mäi ai täik 'piktschas hihr?]
Gute(n) Morgen!/Tag!/ Abend!/Nacht!	Good morning! [gud 'mohning]/afternoon! [aftə'nuhn]/evening! [,ihwning]/night! [nait]
Hallo!/Auf Wiedersehen!	Hello! [hə'ləu]/Goodbye! [gud'bai]
Tschüss!	Bye! [bai!]

Do you speak English?

„Sprichst du Englisch?" Dieser Sprachführer hilft Ihnen, die wichtigsten Wörter und Sätze auf Englisch zu sagen

Ich heiße …	My name is … [mai näim is]
Wie heißen Sie?	What's your name? [wots jur näim?]
Wie heißt du?	What's your name? [wots jur näim?]
Ich komme aus …	I'm from … [aim from …]
heute/morgen/gestern	today [tə'däi]/tomorrow [tə'morəu]/yesterday ['jästədäi]
Stunde/Minute	hour ['auər]/minutes ['minəts]
Tag/Nacht/Woche	day [däi]/night [nait]/week [wihk]
Monat/Jahr	month [manθ]/year [jiər]
Ich habe ein Zimmer reserviert.	I have booked a room. [ai häw buckt ə ruhm]
nach vorne/zum Meer	forward [fohwəd]/to the sea [tu Də sih]
Schlüssel/Zimmerkarte	key [ki]/room card ['ruhm kahd]
Gepäck/Koffer/Tasche	luggage ['laggətsch]/ suitcase ['sjutkäis]/bag [bäg]
Wie viel Uhr ist es?	What time is it? [wət 'taim is it?]
Es ist drei Uhr.	It's three o'clock. [its θrih əklok]

ARABISCH

Ja./Nein.	na'am/la oder: kalla	نعم/لا، كلا
Bitte./Danke.	min fadlak/schukran	من فضلك/شكرا
Entschuldigung!	'afwan	عفوا
Guten Tag!/Guten Abend!	sabba l-chair/masa l-chair	صباح الخير/مساء الخير
Auf Wiedersehen!	ma'a s-salama	مع السلامه
Ich heiße …	ismi …	اسمي
Ich komme aus …	ana min …	انا من
… Deutschland.	… almania	المانيا
… Österreich./Schweiz.	… al nimsa/swizera	النمسا/سويسرا
Ich verstehe Sie nicht.	ana la afhamuka [ki]	انا لا افهمك
Wie viel kostet es?	kam jukallif dhalika	كم يكلّف ذلك
Bitte, wo ist…?	'afwan aina …	عفوا اين

1	wahid	(واحد) ١	5	chamsa	(خمسة) ٥	9	tis'a	(تسعة) ٩
2	itnan	(اثنان) ٢	6	sitta	(ستّة) ٦	10	'aschra	(عشرة) ١٠
3	talata	(ثلاثة) ٣	7	sab'a	(سبعة) ٧	20	'ischrun	(عشرون) ٢٠
4	arba'a	(اربعة) ٤	8	tamanija	(ثمانية) ٨	100	mia	(مئة) ١٠٠

UNTERWEGS

offen/geschlossen	open ['oupän]/closed ['klousd]
Abfahrt/Abflug/Ankunft	departure [dih'pahtschə]/departure [dih'pahtschə]/arrival [ə'raiwəl]
Toiletten/Damen/Herren	toilets ['toilət] (auch: restrooms ['restruhms])/ladies ['läidihs]/gentlemen ['dschäntlmən]
(kein) Trinkwasser	(no) drinking water [(nou) 'drinkin 'wotər]
Wo ist ...?/Wo sind ...?	Where is ...? ['weə is?]/Where are ...? ['weə ahr?]
links/rechts	left [läft]/right [rait]
geradeaus/zurück	straight ahead [streit ə'hät]/back [bäk]
nah/weit	near [niə]/far [fahr]
Bus/Straßenbahn	bus [bas]/tram [träm]
U-Bahn/Taxi	underground ['andəgraunt]/taxi ['tägsi]
Haltestelle/Taxistand	stop [stap]/taxi stand ['tägsi ständ]
Fahrplan/Fahrschein	schedule ['skädjuhl]/ticket ['tikət]
ein Auto/Tankstelle	a car [ə kahr]/petrol station [pätrol stäischən]

ESSEN & TRINKEN

Reservieren Sie uns bitte für heute Abend einen Tisch für vier Personen.	Could you please book a table for tonight for four? [kudd juh 'plihs buck ə 'täibəl for tunait for fohr?]
auf der Terrasse	outside [aut'said]/on the terrace [on Də 'täräs]
am Fenster	at the window [ät Də 'windəu]
Die Speisekarte, bitte.	The menue, please. [Də 'mänjuh plihs]
mit/ohne Eis/Kohlesäure	with [wiD]/without ice [wiD'aut ais]/gas [gäs]
Vegetarier(in)/Allergie	vegetarian [wätschə'täriən]/allergy ['ällədschi]
Ich möchte zahlen, bitte.	May I have the bill, please? [mäi ai häw De bill plihs?]

BANKEN & GELD

Bank/Geldautomat	bank [bänk]/ATM [äi ti äm] (auch: cash machine ['käschməschin])
Ich möchte ... Euro wechseln.	I'd like to change ... Euro. [aid laik tu tschäindsch ... iuhro]
bar/ec-Karte/Kreditkarte	cash [käsch]/ATM card [äi ti äm kahrd]/credit card [krädit kahrd]
Wechselgeld	change [tschäindsch]

GESUNDHEIT

Arzt/Zahnarzt/Kinderarzt	doctor ['doktər]/dentist ['däntist]/pediatrician [pidiə'trischən]
Krankenhaus	hospital ['hospitəl]
Fieber/Schmerzen	fever ['fihwər]/pain [päin]
Durchfall/Übelkeit	diarrhoea [daiə'riə]/nausea ['nohsiə]

SPRACHFÜHRER

Sonnenbrand	sunburn ['sanböhrn]
entzündet/verletzt	inflamed [in'fläimd]/injured ['indschəd]
Apotheke/Drogerie	pharmacy ['farməssi]/chemist ['kemist]
Schmerzmittel/Tablette	pain reliever [päin re'lihwər]/tablet ['täblət]

TELEKOMMUNIKATION & MEDIEN

Briefmarke/Brief	stamp [stämp]/letter ['lättər]
Postkarte	postcard ['pəustkahd]
Telefonkarte	phone card ['founkahd]
fürs Festnetz	for the fixed line network [fohr Də fikst lain 'nättwörk]
Ich suche eine Prepaid-karte für mein Handy.	I'm looking for a prepaid card for my mobile. [aim 'lucking fohr ə 'pripäid kahd for mai 'mobail]
Internetzugang	internet access ['internet 'äkzäss]
wählen/Verbindung/besetzt	dial ['daiəl]/connection [kə'nnäktschən]/busy [bisi]
Batterie/Akku	battery ['bättəri]/rechargeable battery [ri'tschahdschəbəl 'bättəri]
Internetanschluss/WLAN	internet connection ['internet kə'näktschən]/Wifi [waifai] (auch: Wireless LAN ['waərläss lan])
E-Mail/Datei/ausdrucken	email ['imäil]/file [fail]/ print [print]

FREIZEIT, SPORT & STRAND

Strand/Strandbad	beach [bihtsch]/lido ['lidəu]
Sonnenschirm/Liegestuhl	umbrella [am'bräla]/deckchair ['däcktschäər]
Ebbe/Flut/Strömung	low tide [lou taid]/flood [flad]/flow [flou]

ZAHLEN

0	zero ['sirou]	15	fifteen [fif'tihn]
1	one [wan]	16	sixteen [siks'tihn]
2	two [tuh]	17	seventeen ['säwəntihn]
3	three [θri]	18	eighteen [äi'tihn]
4	four [fohr]	19	nineteen [nain'tihn]
5	five [faiw]	70	seventy ['säwənti]
6	six [siks]	80	eighty ['äiti]
7	seven ['säwən]	90	ninety ['nainti]
8	eight [äit]	100	(one) hundred [('wan) 'handrəd]
9	nine [nain]	200	two hundred ['tuh 'handrəd]
10	ten [tän]	1000	(one) thousand [('wan) θausənd]
11	eleven [i'läwn]	2000	two thousand ['tuh θausənd]
12	twelve [twälw]	10 000	ten thousand ['tän θausənd]
13	thirteen [θör'tihn]	1/2	a/one half [ə/wan 'hahf]
14	fourteen [fohr'tihn]	1/4	a/one quarter [ə/wan 'kwohtə]

REISEATLAS

KARTENLEGENDE

Autobahnähnliche Schnell-
straße mit Anschlussstelle
Dual carriage-way with motorway
characteristics with junction

Fernstraße
Highway

Hauptstraße
Main road

Sonstige Straße
Other Road

Ungeteerte Straße, Piste
Non-asphalted road

Straße in Bau / in Planung
Road under construction / projected

33 Straßennummern
Road numbers

Eisenbahn mit Tunnel
Railway with tunnel

Industriebahn
Industrial railway

Schifffahrtslinie
Shipping route

Staatsgrenze mit Übergang
National border with border crossing

Nationalpark
National park

Internationaler Flughafen
International airport

Regionalflughafen
Regional airport

MARCO POLO Erlebnistour 1
MARCO POLO Discovery Tour 1

MARCO POLO Erlebnistouren
MARCO POLO Discovery Tours

Burg, Schloss
Palace, castle

Moschee
Mosque

Kloster
Monastery

Ruinenstätte
Ruins

Leuchtturm
Lighthouse

Sehenswürdigkeit
Point of interest

Höhle
Cave

Oase
Oasis

Besonders schöner Ausblick
Important panoramic view

Hafen
Harbour

Wrack
Wreck

Bergwerk
Mine

Denkmal
Monument

Strand
Beach

Lodge
Lodge

Gebel Katharina
▲
2642 m

Bergspitze mit Höhenangabe
Mountain summit with height

MARCO POLO Highlights

Mediterranean Sea

Limassol · Haifa

A · B · C

PORT SAID
Port Fuad

Râs Burûn · Zerenike

20 km
12.4 mi

Khalîg el Tîna

Sabkhet el Bardawîl

1

Suez Canal

Râs el 'Ish

El Tîna

Tell el Farama (Pelusium) · Români · El Nagila · Bîr el 'Afein · Bîr el 'Abd · El Mazâr

Baloza · Bîr el Qanadil · Bîr Kasseiba

El Cap

Gilbâna · Bîr Qatia · Bîr Gameil

El Tell el Ahmar · Bîr Nagîd

El Qantara el Sharqîya · Umm 'Agârim 149 m

Gebel el Amrar 319 m

2

ntara rbîya

Bîr el Gifeir

.116 m

Rigal el Khalla 208 m

El Ballah

El Ferdân

Kathîb el Henu 207 m

Gebel Hamâyir 625 m

Gebel Maghâra

Bîr Hamma

Wâdi

ISMÂ'ILÎYA
Bahra el Timsâh

El Tasa

El Tasa

Bîr Rôd Sâlim

hûta

Serapeum

ou Sultân

Meet Abu el Kom el Gedida

Khatmia Pass 350 m

Bîr Gilgâra

Bîr Barth el Higâyib

Gebel

3

Buheirat Murrat el Kubra (Great Bitter Lake)

Fâyed

Gebel Umm Khisheib 642 m

Giddi Pass 660 m

Bîr el Than

Fanâra · Kâbrit

Buheirat Murrat el Sughra (Little Bitter Lake)

Bîr el Giddi

Gebel el Giddi 840 m

Wâdi el Hâgg

Gineifa

Gebel Tweibid

10

El Shallûfa · **Ahmed Hamdi Tunnel**

Sinai

Wâdi el Agheidra

4

El 'Agrûd

El Kûbri

Mitla Pass 480 m

823 m

Sadr el Hitan

Gebel 'Ataqa (871 m)

SUEZ
El Shatt

Port Tawfîq

Ain Mûsa

Gebel el Râha

Gebel el Râha 675 m

Qalat el Gundi

Ain Sudr

Wâdi Sahara

Gebel Budhîya

Wâdi el Mala

iya

Wâdi Hommath

Râs Adabîya · Adabîya

Râs Misalla

Wâdi Lahata

Wâdi Sudr

5

Bîr Bad'

El Hafayir

Bîr Udeib

Gebel Sinn Bishr

Gebel Somâr 925 m

Gebel Budhîya

Wâdi Gheita

Bîr U

idir

2

Ain Sukhna

Sudr

Ain el Foqeiya

Gebel Budhîya 1076 m

Bîr Abu Darag

Râs Matârma

Asl

Gebel Somâr

Wâdi el Siq

Wâdi Yalaq

1258 m

Râs Abu Darag

Gebel Khoshira 381 m

Wâdi Wardan

Ain Higiya

6

Gebel el Galâla el Baharîya

1274 m

Gebel Fûl 435 m

Wâdi Gharandal

Râs Umm Maghrab

Ain Abu Nateiqin

1187 m

Ain Hawara

El Agaba

Râs Malâb

Ras el Barazi

rabîl

Wâdi Malha

2

131 · **132**

Gebel Hamman ... un

494 m

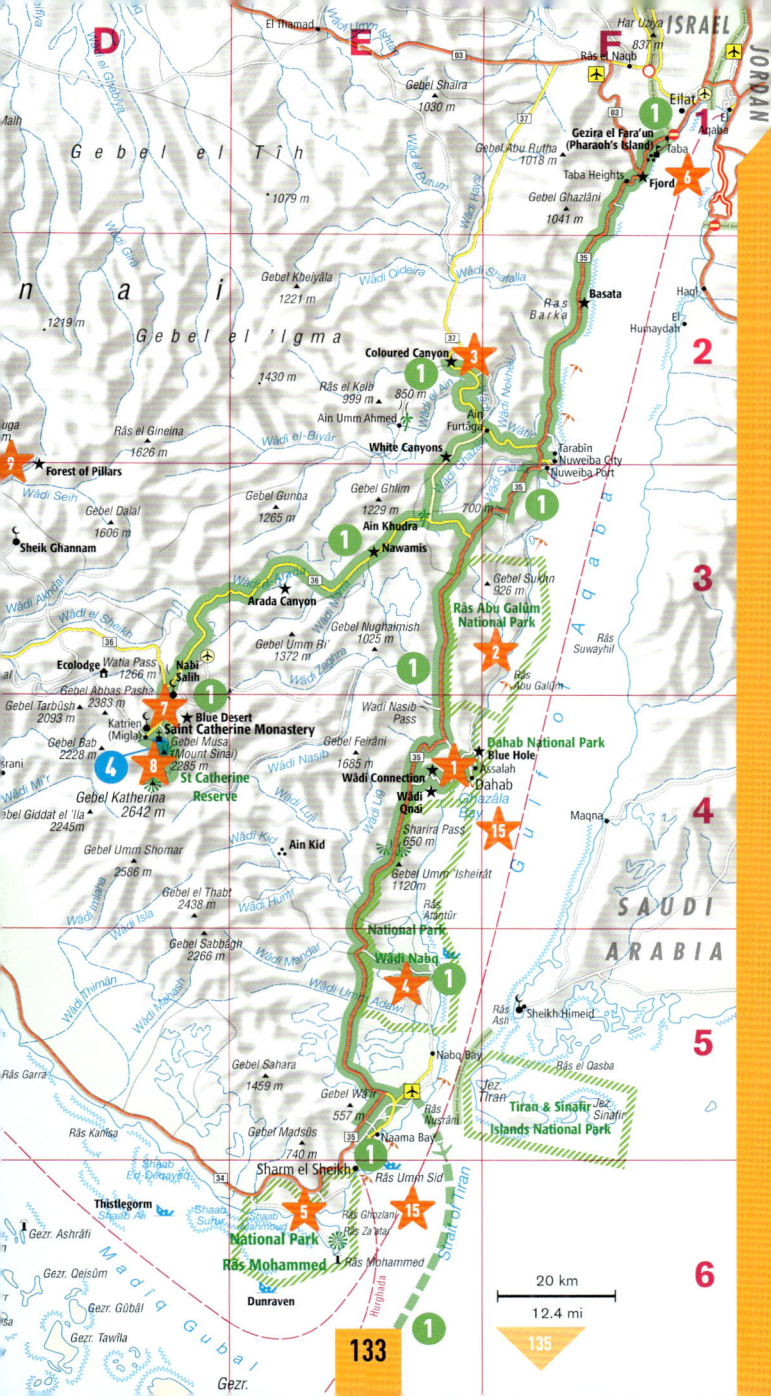

ISRAEL
Har Uzia 837 m
Rás el Naqb

JORDAN

El Thamad

Wadi Umm

Gebel Shãira 1030 m

Gebel Abu Rutha 1018 m

Gezira el Fara'un (Pharaoh's Island)

Eilat

Taba

Taba Heights

Fjord

Gebel el Tîh

*1079 m

Wadi Buruth

Wadi Harg

Gebel Ghazlâni 1041 m

Ras el Naqb

n a í

Gebel Kbeiyâla 1221 m

Wadi Qideira

Wadi Shalalla

Ras Barka

Basata

Haql

1219 m

Gebel el 'Igma

El Hunaydah

*1430 m

Wadi el-Biyâr

Coloured Canyon

Rás el Kelb 999 m ▲

850 m ▲

Wadi el 'Ain

3

Ain

Wadi Nekheila

2

Ras el Gineina 1626 m

Ain Umm Ahmed

White Canyons

Furtâga

Wadi

Tarabín

Nuweiba City

Nuweiba Port

Forest of Pillars

9

Wadi Seih

Gebel Dalal 1606 m

Gebel Gunna 1265 m

Gebel Ghlim 1229 m

Ain Khudra

700 m

Ras Abu Galûm

Gebel Sukhn 926 m

Ras Suwayhil

3

Wadi Akhdar

Sheik Ghannam

Nawamis

Arada Canyon

Wadi

36

Gebel Nughaimish 1025 m

National Park

Ras Abu Galûm

Wadi el Sheikh

Ecolodge Watia Pass 1266 m

Gebel Abbas Pasha

Gebel Tarbûsh 2093 m

Nabi Salih

Gebel Umm Bî 1372 m

Wadi Zaghra

2

36

Katrien (Miglad)

Blue Desert

Saint Catherine Monastery

Dahab National Park

Blue Hole

4

Gebel Bab 2228 m

8

Gebel Musa (Mount Sinai) 2285 m

Wadi Nasib Pass

Wadi Feirâni 1685 m

Assalah

1

Dahab

Wadi Connection

Gebel Mir

Gebel Katherina 2642 m

St Catherine Reserve

Wadi Qnai

Gebel Umm Isheirât 1120 m

Ghazâla

Gebel Giddat el 'Ila 2245 m

Ain Kid

Sharira Pass 650 m

15

4

Magna

SAUDI

Gebel Umm Shomar 2586 m

Gebel el Thabt 2438 m

Wadi Kid

Ras Atantûr

ARABIA

Wadi Isla

Gebel Sabbâgh 2266 m

Wadi Mandar

National Park

Ras Garra

Wadi Thirnah

Wadi Umm Aclawi

Wâdi Nabq

4

1

Ras Asi

Sheikh Himeid

5

Gebel Sahara 1459 m

Naqb Bay

Ras el Qasba

Ras Kanisa

Gebel Wâli 557 m

Ras Nustafa

Jez Tiran

Tiran & Sinafir Islands National Park

Jez Sinafir

Thistlegorm

Gezr. Ashrâfi

Gebel Madsûs

*740 m

Naama Bay

Sharm el Sheikh

1

Ras Umm Sid

Gezr. Qeisûm

5

National Park

Ras Ghziani

15

6

Ras Mohammed

Ras Za'atar

20 km

12.4 mi

Gezr. Gûbâl

Dunraven

Ras Mohammed

Hurghada

Gezr. Tawîla

Shaab Ed-Denayeh

Shaab Ali

Shaab Sufie

M a d i q G u b â l

Gezr.

135

1

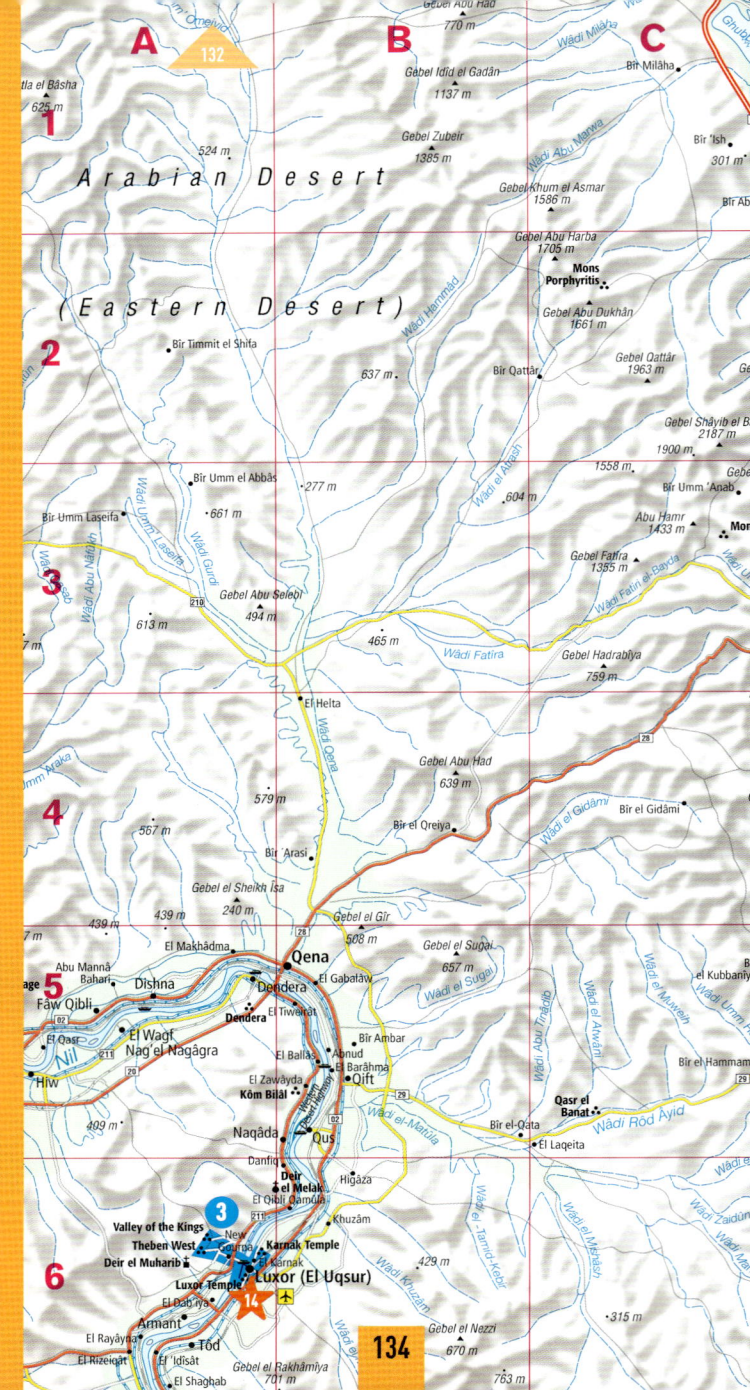

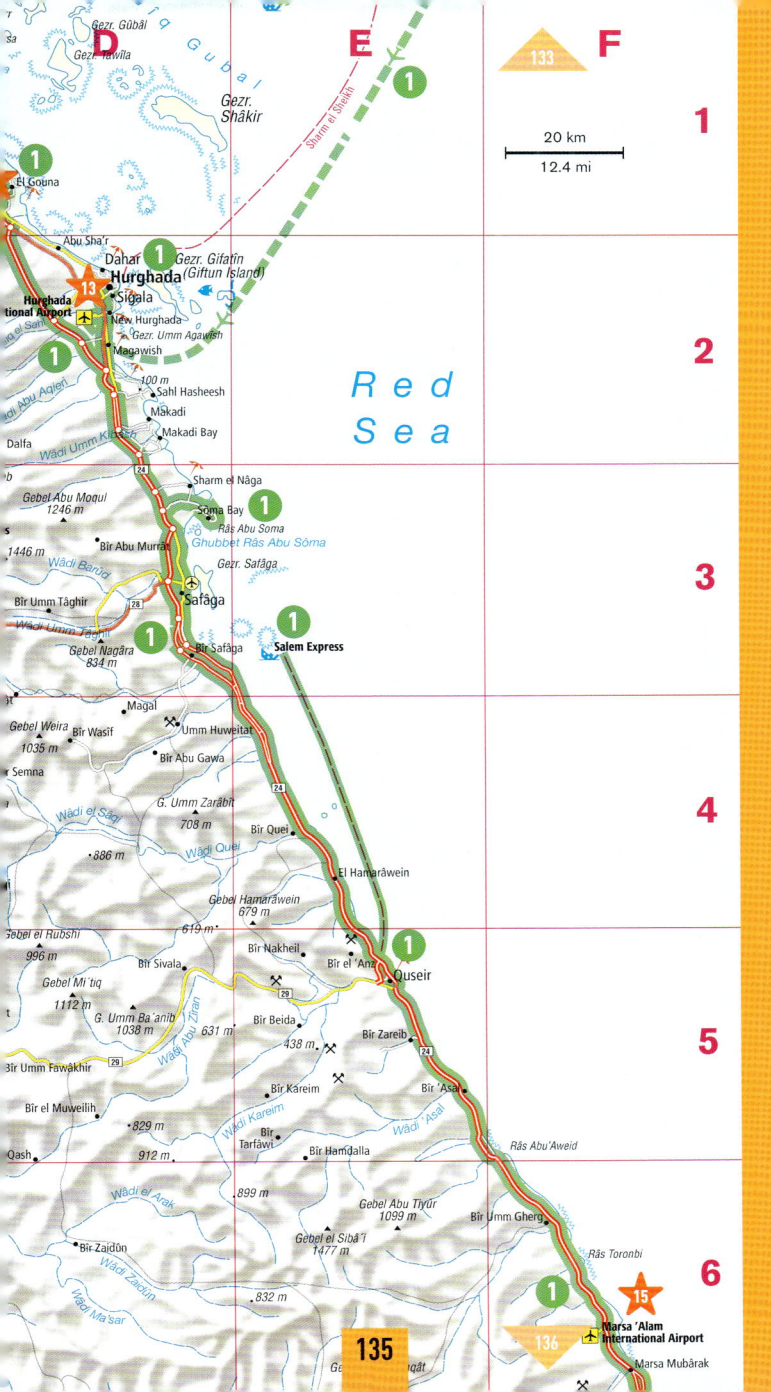

D ‧ **E** ‧ **F**

Gezr. Gûbâl
Gezr. Tawîla
Gezr. Shâkir
Sharm el Shêkh

G u b a l

133

1

20 km
12.4 mi

El Gouna

Abu Sha'r
Dahar
Gezr. Gifatîn
(Giftun Island)
Hurghada
13
Sîgala
Hurghada
tional Airport
New Hurghada
Gezr. Umm Agawîsh
Magawish
100 m
Sahl Hasheesh
Makadi
Makadi Bay
Dalfa
Wâdi Umm Kîraen
Sharm el Nâga

R e d

S e a

2

Gebel Abu Moqul
1246 m
Soma Bay
Râs Abu Soma
Bîr Abu Murrât
Ghubbet Râs Abu Sôma
1446 m
Wâdi Barûd
Gezr. Safâga
Bîr Umm Tâghir
28
Safâga
Gebel Nagâra
834 m
Bîr Safâga
Salem Express

3

Maġal
Gebel Weira
Bîr Wasîf
1035 m
Umm Huweitât
Semna
Bîr Abu Gawa
Wâdi el Sâq
G. Umm Zarâbît
708 m
24
886 m
Bîr Quei
Wâdi Quei
El Hamarâwein

4

Gebel Hamarâwein
679 m
619 m
Gebel el Rûbshi
996 m
Bîr Nakheil
Bîr Sivala
Bîr el 'Anz
Gebel Mî'tiq
Quseir
1112 m
29
G. Umm Ba'anîb
Bîr Beida
1038 m
631 m
Bîr Zareib
Bîr Umm Fawâkhir
24
29
438 m
Bîr 'Asal
Bîr Kareim
Bîr el Muweilih
Bîr
Tarfâwt
829 m
Wâdi Kareim
Bîr Hamdalla
Qash
912 m
Wâdi 'Asal
Râs Abu 'Aweid

5

899 m
Wâdi el Arak
Gebel Abu Tiyûr
1099 m
Bîr Umm Gherg
Gebel el Sibâ'î
1477 m
Râs Toronbi
832 m
Bîr Zaidûn
Wâdi Zaʿlûn
15
Wâdi Ma'sar
136
Marsa 'Alam
International Airport
Marsa Mubârak

135

6

20 km
12.4 mi

Abu 'Aweid

Råg

Rås Toronbi

1

15

Marsa 'Alam International Airport

Marsa Mubârak

Bîr Umm Huwetât

m

Red

2

Bîr Abu Dabbab

Port Ghalib

Wâdi Abu Dabbab

Wâdi Dubut

Sea

Blondie Beach Resort

Marsa Shagra

787 m

Gebel 'Igla el Iswid

973 m

Wâdi Umm Khariga

Abu Dabab

15

Marsa Alam

Tondoba Bay

Awlad Baraka

3

Bîr Alâm

Rås Dirra

Hangaliya

Gebel Hangaliya

1240 m

Wâdi Ghoâir

Gebel Nugrus

1505 m

Bîr Ghadîr

Migwâl el Mafroga

Sharm el Loly

Gezr. Wâdi Gamal

Wâdi el Gamal

Rås Baghdâdi

4

Wâdi el Gamal

Wâdi Nugrus

Bîr Abu Had

290 m

Wâdi Gamal

Rås Honkorâb

Wâdi Natash

Abu Ghusum

Gebel Musiwîrab

741 m

Gezr. Siyûl

Antar

872 m

1021 m

Wâdi Hulus

Wâdi Abu Ghusum

470 m

Gezr. Showarît

Sha'â

977 m

Bîr Qulan

Hamata

Sha'ab Mar

5

Gebel Abu Hamâmîd

1745 m

Gebel Hamata

1977 m

Wadi Lahami

Abu âmîd

Sheikh Shazly

Gebel Katha

1018 m

Wâdi Lahami

Bîr Hileiyi

Wâdi el Kharit

1562 m

Bîr Mueilih

Berenice

6

Gebel Zarqet Na'âm

823 m

Bîr Taw

Wâdi Na'aît

Foul

820 m

Bîr Shut

Bay

Gebel Dahanib

1268 m

Wâdi Khûda

REGISTER

Hier finden Sie alle in diesem Reiseführer erwähnten Orte und Ausflugsziele, wichtige Sachbegriffe und Personen. Gefettete Seitenzahlen verweisen auf den Haupteintrag.

SCHREIBEN SIE UNS!

Egal, was Ihnen Tolles im Urlaub begegnet oder Ihnen auf der Seele brennt, lassen Sie es uns wissen! Ob Lob, Kritik oder Ihr ganz persönlicher Tipp – die MARCO POLO Redaktion freut sich auf Ihre Infos.
Wir setzen alles dran, Ihnen möglichst aktuelle Informationen mit auf die Reise zu geben. Dennoch schleichen sich manchmal Fehler ein – trotz gründlicher Recherche unserer Autoren/innen. Sie haben sicherlich Verständnis, dass der Verlag dafür keine Haftung übernehmen kann.

MARCO POLO Redaktion
MAIRDUMONT
Postfach 31 51
73751 Ostfildern
info@marcopolo.de

IMPRESSUM
Titelbild: Taucher vor Korallenriff am Roten Meer, Sinai (Getty Images: R. Dirscherl)
Fotos: Basata Ecolodge (18 u.); DuMont Bildarchiv: Emmler (47); Getty Images: L. Aidukaite (3), H. Ashton-Jones (36, 116 o.), Brunette (94/95), J. Carillet (55), R. Dirscherl (1 o.), Rotofrank (128/129), Strmko (113); Getty Images/ Lonely Planet Images: (30/31); huber-images: Bortoli (9), Canali (7, 86), O. Fantuz (12/13), Gräfenhain (68), H.-P. Merten (85), A. Saffo (88/89), S. Scattolin (41), Schmid (Klappe r.), R. Schmid (43, 44, 57, 76, 116 u.); G. Knoll (52); Laif: M. Amme (11), Emmler (23), Heuer (114), Kirchgessner (50/51), Krause (8), G. Lengler (17, 29); Laif/hemis.fr: L. Maisant (82); Laif/robertharding: J. Strachan (4 u., 26/27); Lookphotos: K. Wothe (2); mauritius images: R. Hackenberg (100), H. T. Kaiser (75, 117), H. Lange (81); mauritius images/Justin Minns Travel/ Alamy (30); mauritius images/Alamy: (Klappe l., 10, 20/21, 62, 72), U. Aäro (58), E. Gerald (110), N. McAllister (19 u.), O. Nitaji (31), S. Reddy (28 r.), V. Tretyakov (106/107), J. Wlodarczyk (98); mauritius images/Bluegreen Pictures: J. Rotman (19 o.); mauritius images/foodcollection (28 l.); mauritius images/Fotograferen.net/Alamy (112); mauritius images/iconotec (48, 108/109); mauritius images/imagebroker: /: T. Aichinger (6), A. Nekrasov (24), N. Probst (78), Rosseforp (39); mauritius images/Minden Pictures/bb: D. Occhiato (91); mauritius images/ nature picture library: A. Mustard (5, 60/61); mauritius images/Radius Images (4 o., 32/33); mauritius images/ Westend61: S. Deutsch (66/67); H. Mielke (112/113, 115); Claus Mildenberger/Graeme Fordham (18 o.); L. Rauch-Rateb (1 u.); O. Stadler (14/15); T. Stankiewicz (34, 65, 71, 92, 114/115); SUBEX THE ART OF DIVING: Mohamed Hussein Ali (18 M.)

5. Auflage 2017
Komplett überarbeitet und neu gestaltet
© MAIRDUMONT GmbH & Co. KG, Ostfildern
Chefredaktion: Marion Zorn; Autor: Jürgen Stryjak; Bearbeiterin: Lamya Rauch-Rateb, Laura Schmid; Redaktion: Franziska Kahl; Verlagsredaktion: Stephan Dürr, Lucas Forst-Gill, Susanne Heimburger, Nikolai Michaelis, Martin Silbermann, Kristin Wittemann; Bildredaktion: Gabriele Forst, Stefanie Wiese
Im Trend: wunder media, München
Kartografie Reiseatlas: DuMont Reisekartografie, Fürstenfeldbruck; © MAIRDUMONT, Ostfildern
Kartografie Faltkarte: DuMont Reisekartografie, Fürstenfeldbruck; © MAIRDUMONT, Ostfildern
Gestaltung Cover, S. 1, S. 2/3, Faltkartencover: Karl Anders – Büro für Visual Stories, Hamburg; Gestaltung innen: milchhof:atelier, Berlin; Gestaltung Erlebnistouren: Susan Chaaban Dipl.-Des. (FH)
Sprachführer: In Zusammenarbeit mit Ernst Klett Sprachen GmbH, Stuttgart, Redaktion PONS Wörterbücher

BLOSS NICHT ☝

Auch in Ägypten gibt es Dinge, die Sie besser nicht tun sollten

NATURSCHUTZ MISSACHTEN

Vielen der Naturreservate sieht man ihren Reichtum nicht an. Selbst wenn sie karg wirken, beherbergen sie eine enorme Artenvielfalt in einem ausbalancierten Ökosystem. Beschädigen Sie keine Pflanzen. Füttern Sie keine Tiere und hinterlassen Sie bitte Ihre Abfälle nicht in der Landschaft. Das gebrauchte Toilettenpapier können Sie verbrennen oder zum Entsorgen mit zurück ins Camp bzw. Hotel nehmen. Ihre Führer gehen nicht immer mit gutem Beispiel voran. Achten Sie darauf, dass Sie auf Quad- oder Motorradtouren die Landschaft nicht sinnlos umpflügen!

SICH INNERHALB DER WILDNIS ÜBERSCHÄTZEN

Unternehmen Sie Wanderungen und Touren nie allein ohne ortskundigen Guide. Entfernen Sie sich auch nicht von der Gruppe. Ein paar Meter reichen manchmal aus, um sich über den Rückweg nicht mehr sicher zu sein. Schnell sehen sich die Dünen und Felsen zum Verwechseln ähnlich und Sie verirren sich immer weiter. Wenn Sie keine ausreichenden Trinkwasservorräte mit sich führen, kann das verheerende Folgen haben. Auch erfahrene Trekking- und Safarispezialisten machen sich nie ohne GPS-Navigationssystem, Kompass und gute Landkarten auf den Weg.

SCHLEPPERN AUF DEN LEIM GEHEN (TEUER!)

Ein Marketing der besonderen Art betreiben die Schlepper in den Einkaufs-
straßen und auf den Promenaden. Sie wissen, dass Touristen oft neugierig sind und den Kontakt zu Einheimischen suchen, sprechen sie an, sind unversehens eine Art nette Urlaubsbekanntschaft – und besitzen einen Onkel, der zufällig um die Ecke einen Parfüm- oder Papyrusshop betreibt. Wenn Sie keine Lust haben, dort am Ende mit völlig überteuerten Souvenirs herauszukommen, die Sie aus lauter Höflichkeit gekauft haben, dann weisen Sie die Schlepper gleich am Anfang freundlich ab und gehen Sie weiter!

UNPASSEND KLEIDEN!

Strand ist Strand, und der Rest ist islamisch-konservatives Ägypten. Auch wenn Sie am Beach Frauen sogar oben ohne baden sehen mögen – was gar nicht geht. Orientieren Sie sich auch sonst nicht am schlechten Vorbild, schon gar nicht außerhalb der Touristenorte. Dezente Kleidung dagegen kompromittiert keine Einheimischen. Mit Flipflops, Tanktop und Shorts sollten Sie auch gar nicht erst versuchen, Moscheen oder Klöster zu betreten.

ARTENSCHUTZ MISSACHTEN

Der Verkauf von Korallen, ausgestopften Tieren, die geschützt sind, oder von Produkten aus Elfenbein ist in Ägypten strengstens verboten, dennoch bieten selbst renommierte Kunstgewerbeläden solche Artikel an. Mit dem Kauf dieser Waren unterstützen Sie aber nicht nur Wilderer, sondern könnten selbst bei der Aus- und Einreise einige Probleme bekommen!